direito empresarial e direito do consumidor

# direito empresarial e direito do consumidor

Silvano Alves Alcantara

2ª edição
revista e atualizada

Rua Clara Vendramin, 58 . Mossunguê
CEP 81200-170 . Curitiba . PR . Brasil
Fone: (41) 2106-4170
www.intersaberes.com
editora@intersaberes.com

Conselho editorial
Dr. Alexandre Coutinho Pagliarini
Drª. Elena Godoy
Mª. Maria Lúcia Prado Sabatella
Dr. Neri dos Santos

Editora-chefe
Lindsay Azambuja

Gerente editorial
Ariadne Nunes Wenger

Assistente editorial
Daniela Viroli Pereira Pinto

Preparação de originais
Gustavo Ayres Scheffer

Edição de texto
Caroline Rabelo Gomes
Marina Lopez

Projeto gráfico
Raphael Bernadelli

Capa
Sílvio Gabriel Spannenberg (*design*)
Oleg Golovnev/Shutterstock (imagem)

Diagramação
Estúdio Nótua

Designer responsável
Iná Trigo

Iconografia
Regina Claudia Cruz Prestes

---

Dados Internacionais de Catalogação na Publicação (CIP)
(Câmara Brasileira do Livro, SP, Brasil)

---

Alcantara, Silvano Alves
  Direito empresarial e direito do consumidor / Silvano Alves Alcantara. -- 2. ed. rev. e atual. -- Curitiba : Editora Intersaberes, 2023.

  Bibliografia.
  ISBN 978-65-5517-065-8

  1. Defesa do consumidor – Brasil 2. Defesa do consumidor – Legislação – Brasil 3. Direito empresarial – Brasil 4. Direito empresarial – Legislação – Brasil I. Título.

22-122124         CDU-34:338.93:381.6(81)

---

Índices para catálogo sistemático:
1. Brasil : Direito empresarial e direito do consumidor   34:338.93:381.6(81)
Cibele Maria Dias - Bibliotecária - CRB-8/9427

1ª edição, 2017.

2ª edição revista e atualizada, 2023.

Foi feito o depósito legal.
Informamos que é de inteira responsabilidade do autor a emissão de conceitos.

Nenhuma parte desta publicação poderá ser reproduzida por qualquer meio ou forma sem a prévia autorização da Editora InterSaberes.

A violação dos direitos autorais é crime estabelecido na Lei n. 9.610/1998 e punido pelo art. 184 do Código Penal.

prefácio 11

apresentação 15

como aproveitar ao máximo este livro 19

## Parte 1 Direito empresarial - 23

### Capítulo 1 Características e princípios - 25

1.1 Características do direito empresarial - 27
1.2 Princípios constitucionais da atividade econômica - 30

### Capítulo 2 Atividade empresarial - 43

2.1 O empresário e a empresa - 44
2.2 Sociedades empresárias - 50
2.3 Estabelecimento comercial - 75
2.4 Registro de empresas - 84
2.5 Obrigações do empresário - 85
2.6 Nome empresarial - 87

sumário

## Capítulo 3 — Contratos mercantis - 91

- 3.1 Teoria geral dos contratos - 92
- 3.2 Contrato de compra e venda mercantil - 95
- 3.3 Contrato de alienação fiduciária em garantia - 96
- 3.4 Contrato de arrendamento mercantil – *leasing* - 97
- 3.5 Contrato de franquia mercantil – *franchising* - 98
- 3.6 Contrato de fomento mercantil – *factoring* - 100
- 3.7 Contrato de representação comercial - 101
- 3.8 Reorganizações societárias - 103

## Parte 2 — Direito do consumidor - 113

## Capítulo 4 — Conceitos e direitos básicos - 115

- 4.1 Dos conceitos - 116
- 4.2 Dos direitos do consumidor - 121
- 4.3 Direitos básicos do consumidor - 127

## Capítulo 5 — Das responsabilidades e dos prazos - 143

- 5.1 Responsabilidades do fornecedor - 144
- 5.2 Dos prazos - 166

Capítulo 6   **Das práticas comerciais - 173**

    6.1   Oferta de produtos e serviços - 174
    6.2   Dos contratos de consumo - 180
    6.3   Da defesa do consumidor em juízo - 188
    6.4   Da prevenção e do tratamento do superendividamento - 192

considerações finais   199

lista de siglas   201

referências   203

respostas   211

sobre o autor   219

*Dedico esta obra ao meu neto Henrique,*

*Fruto da semente mais fecunda, Amanda,*

*Que eu e minha querida e amada Meri*

*Pudemos semear.*

*Que chegou a este mundo e às nossas vidas,*

*Para nos completar,*

*Com seu amor e alegria.*

O tema desta obra chama atenção, principalmente, por tratar de dois atores importantes para o cenário econômico brasileiro. De um lado, o **empresário**; de outro, o **consumidor**.

Com muita cautela, o autor separa os temas e, destes, escolheu o que de mais interessante se pode abordar em cada um deles. Desse modo, todos os leitores poderão compreender o conteúdo descrito e, assim, fica registrado todo o respeito àqueles que não têm formação jurídica. O assunto é vasto e demandaria, assim como existem, obras extensas que tratam exaustivamente do tema. Porém, no presente caso, a obra foi especialmente desenvolvida para você que necessita de uma leitura prática, objetiva e – o melhor – de compreensão translúcida. É o que traz este livro, que o professor Silvano Alves Alcantara preparou especialmente para os seus leitores.

Na primeira parte da obra, o autor descreve os conceitos e princípios do **direito empresarial** para, em seguida, tratar da empresa, do empresário e de suas obrigações, bem como dos contratos mercantis que são de extrema relevância na área. Ao final dessa abordagem, traz também, com muita propriedade, o tema *reorganizações societárias*, que são representadas por planejamentos estratégicos que têm como objetivo melhorar o desempenho da empresa e, principalmente, mantê-la no mercado. Isso é importante, sobretudo, na atual conjuntura econômica, pois os empresários precisam se reinventar para sobreviver no mundo globalizado e competitivo. De forma tranquila e explicando cada um dos conceitos, o autor vai construindo um roteiro, ainda que sintetizado, porém perfeitamente compreensível, do mundo empresarial e seus principais personagens, os quais deverão atuar com seriedade à luz da legislação para que sua empresa possa cumprir todas as formalidades necessárias e obter êxito no atendimento ao consumidor.

No trilhar da segunda parte, nos deparamos com o **direito do consumidor**, abordado com a serenidade peculiar do professor Silvano. O texto conduz a uma leitura extremamente didática do tema. Importante relembrar que o direito do consumidor, ou seja, direito de **todos nós**, surgiu com a finalidade de dar um tratamento especial aos consumidores, de modo a equilibrar as relações de consumo que se tornaram totalmente desprotegidas, sobretudo para a parte mais fraca da relação, denominada *hipossuficiente*. O direito do consumidor é previsto na Constituição Federal como um dos princípios da ordem econômica. Neste livro, o autor descreve, para melhor compreensão, conceitos básicos de *consumidor, fornecedor, produto* e *serviço*, sem os quais não haveria relação de consumo. Em seguida, aborda os principais direitos do consumidor, baseando-se no Código de Defesa do Consumidor, para, depois, tratar dos tipos de responsabilidade e dos prazos aplicáveis às relações de consumo. As práticas comerciais, os contratos de consumo, bem como a defesa do consumidor em juízo também são objetos de abordagem de forma sintetizada, porém fundamentada e de acessível compreensão, sobretudo para o cotidiano de profissionais da área jurídica ou não. Atualmente, é obrigatória a disponibilização de um exemplar do Código de Defesa do Consumidor em todos os estabelecimentos comerciais justamente para que o cidadão consumerista conheça seus direitos e – por que não dizer também? – seus deveres. Assim, o texto contido nesta obra vem para colaborar com a compreensão daquilo que descreve a lei, de modo a permitir o exercício da cidadania na sua plenitude.

Silvano Alcantara também nos brinda com questões para reflexão sobre os temas abordados, concluindo a obra com a mesma garra necessária aos desbravadores das leis. Entretanto, deixa notório o sentimento de satisfação de ensinar, peculiar de um verdadeiro mestre. Apresento-lhes e os convido à leitura da obra deste admirável, honrado e respeitado professor Silvano.

*Débora Veneral*

*Doutora em Ciências Jurídicas pela Universidad Católica de Santa Fe (Argentina)*

# apresentação

Você nos honra em ser um de nossos leitores e, por essa razão, vamos nos esforçar para lhe trazer os temas propostos de uma maneira acessível.

Estudar o direito e seus ramos autônomos não é tarefa fácil, mesmo para os operadores mais dedicados e experimentados da ciência jurídica – o que se pensar, então, em relação a um iniciante nesse estudo? Este, provavelmente, é o seu caso, pois nosso trabalho está voltado especialmente para quem não conhece as normas jurídicas ou teve pouco contato com elas, não significando que os demais interessados e estudiosos também não possam utilizá-la, mesmo os profissionais do direito. Temos, por tudo isso, a preocupação de nos fazermos entender quando trouxermos os conteúdos e os institutos de nosso trabalho.

Somos sabedores de que muito já se escreveu sobre os assuntos aqui tratados, inclusive por mãos de autores e juristas renomados. Não temos a pretensão de nos equipararmos a eles, mas, mesmo assim, cremos ser o nosso livro ímpar, distinto dos demais, pois tem alguns diferenciais que farão com que você se anime em lê-lo.

Entre essas particularidades está a linguagem utilizada, a qual, no mais das vezes, será aquela mais voltada ao seu cotidiano, sendo, por conseguinte, mais popular. Por mais que a obra tenha cunho jurídico, os termos e as normas legais apresentados têm uma explicação mais usual, pois procuramos relacioná-los, de forma objetiva, a acontecimentos e práticas de seu dia a dia.

Ainda em relação à linguagem, como você já notou, é extremamente dialógica, chamando-o a participar de nossas discussões, pois cremos que assim seu aprendizado será mais efetivo.

Em nosso livro, trabalhamos com dois ramos autônomos do direito, dividindo-o em duas partes, com três capítulos cada uma. Abordaremos, na primeira delas, o **direito empresarial**, iniciando por seu conceito e seus princípios e, em seguida, examinaremos seus institutos mais importantes, como a **empresa**, o **empresário** e o **estabelecimento comercial**. No estudo de cada um desses importantes institutos, esmiuçando-os, você terá a oportunidade de conhecer os bens que compõem o estabelecimento comercial, como é o caso dos **bens materiais** e **imateriais**, sendo que dos últimos fazem parte o ponto comercial e a propriedade industrial. Apresentaremos, também, as sociedades empresárias e não empresárias, os contratos mercantis e as reorganizações societárias.

Já a segunda parte está reservada para o estudo do **direito do consumidor**, outro ramo importante do direito. Trataremos, basicamente, do estudo da Lei n. 8.078, de 11 de setembro de 1990 (Brasil, 1990a), que estabelece o Código de Defesa do Consumidor (CDC), e de outras leis que dispõem sobre a mesma matéria, abordando em seus artigos os conceitos de **consumidor** e de **fornecedor**, bem como de **produto** e de **serviço**, além de outros tantos. Todavia, como o fornecedor pode responder tanto na esfera administrativa quanto na civil e na penal por danos que tenha causado ao consumidor, também faremos uso de outros diplomas legais.

Nossa conversa nessa parte da obra será sobre a relação de consumo. Como nosso objeto de estudo será a defesa do consumidor, o que traremos à tona serão os direitos do consumidor e os deveres e responsabilidades do fornecedor.

Esperando que nosso trabalho possa ajudá-lo no entendimento das normas jurídicas trazidas, deixamos claro que outros entendimentos sobre os mesmos temas podem ser encontrados em outras obras e autores, pois estudar e entender o direito é, acima de tudo, interpretá-lo.

Boa leitura!

Empregamos nesta obra recursos que visam enriquecer seu aprendizado, facilitar a compreensão dos conteúdos e tornar a leitura mais dinâmica. Conheça a seguir cada uma dessas ferramentas e saiba como elas estão distribuídas no decorrer deste livro para bem aproveitá-las.

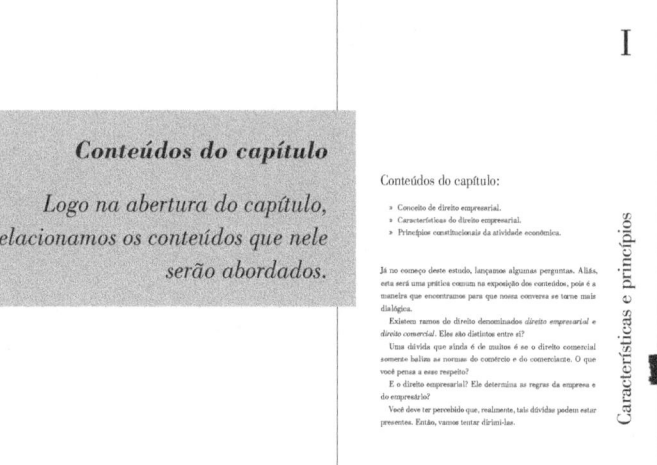

**Conteúdos do capítulo**

*Logo na abertura do capítulo, relacionamos os conteúdos que nele serão abordados.*

**Síntese**

*Ao final de cada capítulo, relacionamos as principais informações nele abordadas a fim de que você avalie as conclusões a que chegou, confirmando-as ou redefinindo-as.*

como aproveitar ao máximo este livro

## Questões para revisão

Ao realizar estas atividades, você poderá rever os principais conceitos analisados. Ao final do livro, disponibilizamos as respostas às questões para a verificação de sua aprendizagem.

## Questões para reflexão

Ao propor estas questões, pretendemos estimular sua reflexão crítica sobre temas que ampliam a discussão dos conteúdos tratados no capítulo, contemplando ideias e experiências que podem ser compartilhadas com seus pares.

c. 30 dias, contados da data do recebimento do produto.
d. 7 dias, sempre contados da data de assinatura do contrato.
e. 15 dias, contados da data de recebimento do produto.

Questões para reflexão

1) O direito de arrependimento deveria poder ser exercitado em um prazo maior?
2) Como você acha que o consumidor deve se portar quando encontra uma oferta de produto ou serviço não condizente com o que determina a legislação?

Para saber mais

Para conhecer um pouco mais sobre os assuntos de que tratamos nesta segunda parte do livro, indicamos algumas obras que reputamos muito interessantes:

DINIZ, M. H. Curso de direito civil brasileiro: responsabilidade civil. 27. ed. São Paulo: Saraiva, 2010. v. 7.
MARQUES, C. L. Contratos no Código de Defesa do Consumidor: o novo regime das relações contratuais. 9. ed. São Paulo: Revista do Tribunais, 2019.
NUNES, L. A. R. Comentários ao Código de Defesa do Consumidor. 8. ed. São Paulo: Saraiva, 2013.

## Para saber mais

*Sugerimos a leitura de diferentes conteúdos digitais e impressos para que você aprofunde sua aprendizagem e siga buscando conhecimento.*

## Consultando a legislação

*Listamos e comentamos nesta seção os documentos legais que fundamentam a área de conhecimento, o campo profissional ou os temas tratados no capítulo para você consultar a legislação e se atualizar.*

Consultando a legislação

Temos certeza de que você quer conhecer um pouco mais sobre as bases jurídicas inerentes à relação de consumo. Sugerimos, então, que acesse e consulte a legislação indicada a seguir.

BRASIL. Decreto n. 2.181, de 20 de março de 1997. *Diário Oficial da União*, Poder Executivo, Brasília, DF, 21 mar. 1997. Disponível em: <http://www.planalto.gov.br/ccivil_03/decreto/d2181.htm>. Acesso em: 28 set. 2022.
BRASIL. Decreto n. 5.903, de 20 de setembro de 2006. *Diário Oficial da União*, Poder Executivo, Brasília, DF, 21 set. 2006. Disponível em: <http://www.planalto.gov.br/ccivil_03/_ato2004-2006/2006/Decreto/D5903.htm>. Acesso em: 28 set. 2022.
BRASIL. Decreto n. 7.962, de 15 de março de 2013. *Diário Oficial da União*, Poder Executivo, Brasília, DF, 15 mar. 2013. Disponível em: <http://www.planalto.gov.br/ccivil_03/_ato2011-2014/2013/decreto/d7962.htm>. Acesso em: 28 set. 2022.
BRASIL. Lei n. 8.078, de 11 de setembro de 1990. *Diário Oficial da União*, Poder Legislativo, Brasília, DF, 12 set. 1990. Disponível em: <http://www.planalto.gov.br/ccivil_03/leis/l8078.htm>. Acesso em: 28 set. 2022.

# Parte 1 – Direito empresarial

# I

# Características e princípios

## Conteúdos do capítulo:

» Conceito de direito empresarial.
» Características do direito empresarial.
» Princípios constitucionais da atividade econômica.

Já no começo deste estudo, lançamos algumas perguntas. Aliás, esta será uma prática comum na exposição dos conteúdos, pois é a maneira que encontramos para que nossa conversa se torne mais dialógica.

Existem ramos do direito denominados *direito empresarial* e *direito comercial*. Eles são distintos entre si?

Uma dúvida que ainda é de muitos é se o direito comercial somente baliza as normas do comércio e do comerciante. O que você pensa a esse respeito?

E o direito empresarial? Ele determina as regras da empresa e do empresário?

Você deve ter percebido que, realmente, tais dúvidas podem estar presentes. Então, vamos tentar dirimi-las.

De imediato, deixamos claro que o **direito comercial** e o **direito empresarial** se confundem por serem o mesmo.

A confusão se dá porque o direito comercial era regido pelo Código Comercial – Lei n. 556, de 25 de junho de 1850 (Brasil, 1850) –, que adotava a Teoria dos Atos do Comércio, a qual, literalmente, tinha o comércio e suas nuances como objeto de estudo. Porém, a parte dessa lei que tratava do direito comercial foi revogada pelo Código Civil (CC) – Lei n. 10.406, de 10 de janeiro de 2002 (Brasil, 2002). É importante deixar claro que a Lei n. 556/1850 ainda continua em vigor em relação ao comércio marítimo.

O direito empresarial, por sua vez, é disposto pelo CC, o qual, ao tratar desse ramo do direito, adota a Teoria da Empresa e apresenta enormes mudanças, tanto conceituais quanto na disposição das sociedades em geral.

Corroborando nosso pensar, Coelho (2021a, p. 30) traz a seguinte definição:

> *Direito comercial é a designação tradicional do ramo jurídico que tem por objeto os meios socialmente estruturados de superação dos conflitos de interesse entre os exercentes de atividades econômicas de produção ou circulação de bens ou serviços de que necessitamos todos para viver. Note-se que não apenas as atividades especificamente comerciais (intermediação de mercadorias, no atacado ou varejo), mas também as industriais, bancárias, securitárias, de prestação de serviços e outras, estão sujeitas aos parâmetros (doutrinários, jurisprudenciais e legais) de superação de conflitos estudados pelo direito comercial.*

Boa parte de seus conteúdos e institutos serão abordados em nosso estudo, tais como a **empresa**, o **empresário**, o **estabelecimento comercial** e as **sociedades empresárias e não empresárias**.

Por mais que tenha sido um grande avanço a adoção da Teoria da Empresa por nosso CC, com a criação de novas sociedades, tudo para as devidas adequações à realidade em que vivemos, você vai observar que as características gerais do direito comercial não se modificaram. Algumas delas persistem há milênios.

Por uma questão meramente didática, decidimos adotar a nomenclatura de *direito empresarial*. Todavia, ao longo de nosso estudo, também empregaremos *direito comercial*.

## 1.1 Características do direito empresarial

Podemos afirmar, sem medo de errar, que as principais características do atual direito empresarial são as mesmas já enraizadas ao longo do tempo, as quais, ao longo da História e de sua evolução, tornaram-no único e, por isso mesmo, mais fácil de entender e de praticar.

Não vamos nos aprofundar nas origens e na evolução do direito comercial, pois cremos que, para o nosso objetivo, pouca relevância isso teria. Faremos, pois, breves considerações.

É praticamente impossível fixar a origem do direito comercial, principalmente se pensarmos em algumas de suas características ainda vigentes, que já existiam desde sempre, relacionadas às práticas comerciais. Contudo, como legislação especial, a doutrina majoritária entende que essa origem se deu após a queda do Império Romano. Assim entende Verçosa (2014, p. 26):

> *Não é necessário buscar referência mais antiga para a pré-história do Direito Comercial do que o longo período do Império Romano. [...] Os grandes historiadores do Direito Comercial, versando sobre aquela época, são*

praticamente unânimes em afirmar que a disciplina da atividade comercial em Roma estava submetida ao Direito Privado Comum, ou seja, ao Direito Civil (ius privatorum).

É aceitável pensarmos que o comércio nasceu sem que houvesse uma legislação apropriada a respaldá-lo, sem a existência da moeda pela qual fosse possível pagar pelo serviço prestado ou pelo produto comprado, pois a regra era o escambo, ou seja, a troca, a permuta de mercadorias ou de serviços. Porém, mesmo assim, as práticas comerciais eram honradas por seus signatários, que normalmente firmavam seus contratos verbalmente, "no fio do bigode", tamanha era a boa-fé. O compromisso assumido era cumprido, pois o que valia, de fato, eram os costumes, o chamado *direito consuetudinário*.

> *Qualquer atividade empresarial tem como objetivo o lucro. Se esse objetivo não estiver presente, estará descaracterizada a atividade empresarial.*

Algumas características dessa época ainda estão presentes no atual direito empresarial. Vejamos algumas, a seguir, como nos ensina Requião (2015), deixando claro que outras tantas podem ser encontradas, dependendo do autor:

- » **Cosmopolitismo**: Desde a Antiguidade, passando pelos tempos do caixeiro-viajante, chegando até os dias de ampla globalização, as tratativas comerciais sempre extrapolaram toda e qualquer barreira, especialmente em relação às **fronteiras** dos Estados soberanos. Além disso, genericamente, tudo aquilo que serve como regra para um determinado país também poderá ser utilizado nas negociações com outro, guardando-se algumas particularidades do local ou da região, como no caso da compra e venda de um eletrodoméstico.

- » **Onerosidade**: Aquilo que une todos os empresários é o **lucro**, ou seja, qualquer atividade empresarial tem como objetivo o lucro. Se esse objetivo não estiver presente, estará descaracterizada a atividade empresarial.
- » **Informalismo**: A **simplicidade** é uma das características do direito comercial, no sentido de que a liberdade e o mútuo consentimento entre os contratantes sempre estiveram acima de qualquer forma, podendo os contratos ser firmados inclusive verbalmente e, mesmo assim, ter validade, pois a boa-fé, mesmo que implícita, sempre esteve presente.
- » **Fragmentarismo e elasticidade**: Associamos essas duas características pois entendemos que estão intimamente ligadas, ficando assim mais fácil explicá-las em conjunto. A sociedade e suas relações comerciais são **dinâmicas**, exigindo que a legislação se adapte às novas tendências e práticas comerciais e se renove, aproveitando-se do que já existe, mas criando novos mecanismos que atendam à nova realidade. Por mais que se tenha um diploma legal que disponha sobre o direito empresarial – como é o caso da Lei n. 10.406/2002 (CC) –, é possível fragmentar o estudo desse ramo do direito em uma série de outras normas legais e de igual importância, como a Lei n. 11.101, de 9 de fevereiro de 2005, Lei de Falências (Brasil, 2005); a Lei n. 8.245, de 18 de outubro de 1991, Lei do Inquilinato (Brasil, 1991); e a Lei n. 5.474, de 18 de julho de 1968, Lei das Duplicatas (Brasil, 1968).

A compreensão das características gerais do direito empresarial é de vital importância para que você possa prosseguir e entender os demais institutos a serem estudados.

## 1.2 Princípios constitucionais da atividade econômica

Todo ramo autônomo do direito apresenta seus princípios e regras próprios – por isso mesmo são chamados de *ramos autônomos*. O direito empresarial, como ramo autônomo do direito, tem, portanto, seus próprios princípios, sem esquecer os princípios gerais do direito, aos quais deve também obediência.

E o que você pensa sobre **princípios**? São importantes?

Cremos que todas as pessoas têm princípios e que cada uma delas poderá enumerá-los. Pensamos também que, normalmente, são coisa boas e, acima de tudo, determinam uma base, um caminho a ser seguido.

O princípio jurídico é tudo isso e um pouco mais. Nas palavras de Bandeira de Mello (2021, p. 818), temos a seguinte definição:

> *Mandamento nuclear de um sistema, verdadeiro alicerce dele, disposição fundamental que se irradia sobre diferentes normas compondo-lhes o espírito e servindo de critério para a sua exata compreensão e inteligência exatamente por definir a lógica e a racionalidade do sistema normativo, no que lhe confere a tônica e lhe dá sentido harmônico.*

Assim, primeiramente é necessário estudar o que a Carta Magna de 1988 (Brasil, 1988) dispõe sobre a atividade econômica, enumerando em princípios o que deve ser praticado por todos os envolvidos.

No *caput* do art. 170, a Constituição Federal de 1988 (CF/1988) já afirma que a ordem econômica de nosso país está alicerçada na valorização do trabalho humano e na livre iniciativa, para que, assim, possa assegurar a todos existência digna, conforme os requisitos da justiça social. Dessa forma, a Constituição determina, nos incisos do art. 170, a observância dos princípios que analisaremos mais detidamente a seguir.

## 1.2.1 Princípio da soberania nacional

A **soberania** é o baluarte para a própria existência da República Federativa do Brasil como Estado democrático de direito, no qual existe um respeito aos poderes e às instituições constituídas, aos direitos fundamentais e à hierarquia das normas jurídicas, sendo prevista como o primeiro dos princípios fundamentais que sustentam nossa Constituição da República em seu art. 1º.

Volta a aparecer também como princípio a ser seguido, agora em sede da ordem econômica (art. 170, I, CF/1988), para deixar claro o poder do Estado de **interferir** e mesmo de **dirigir a cena econômica**, de acordo com os **interesses** que defende, ou seja, o **bem comum**.

Queremos crer que o objetivo maior de a soberania nacional estar presente como princípio na esfera econômica é evidenciar que todas as atividades econômicas a serem desenvolvidas no país devem obedecer aos ditames da legislação vigente no ordenamento jurídico brasileiro, em detrimento de qualquer outra ordem jurídica.

Nesse sentido, Silva (2020, p. 794) afirma:

> *Se formos ao rigor dos conceitos, teremos que concluir que, a partir da Constituição de 1988, a ordem econômica brasileira, ainda de natureza periférica, terá que empreender a ruptura de sua dependência em relação aos centros capitalistas desenvolvidos. Essa é uma tarefa que a Constituinte, em última análise, conferiu à burguesia nacional, na medida em que constitucionalizou uma ordem econômica de base capitalista.*
>
> *Vale dizer, o constituinte de 1988 não rompeu com o sistema capitalista, mas quis que se formasse um capitalismo nacional autônomo, isto é, não dependente. Com isso a Constituição criou as condições jurídicas fundamentais para a adoção do desenvolvimento autocentrado, nacional e popular, que não sendo sinônimo de isolamento ou*

*autarquização econômica, possibilita marchar para um sistema econômico desenvolvido, em que a burguesia local e seu Estado tenham o domínio da reprodução da força de trabalho, da centralização do excedente da produção, do mercado e a capacidade de competir no mercado mundial, dos recursos naturais e, enfim, da tecnologia.*

É bem verdade que, no mundo em que vivemos, de completa e irrestrita globalização, a soberania nacional, de certa forma, está relativizada, tendo em vista a entrada e a saída do território nacional de produtos e serviços como nunca antes se verificou, peculiaridade atual do direito empresarial, adequando-se aos novos tempos – mas, às vezes, sem a devida atenção às determinações legais, afrontando, por assim dizer, a soberania nacional.

### 1.2.2 Princípio da propriedade privada

O que você tem, por certo, é seu. Mas pode você fazer o que quiser com o que é seu, ou com a sua **propriedade**, no momento em que você quiser?

Não é bem assim.

De maneira geral, é claro que qualquer pessoa pode dispor de sua propriedade da maneira que lhe convier, dentro dos parâmetros legais. O empresário, especialmente, tem o direito de utilizar-se de sua propriedade para o bem de sua atividade econômica, a fim de que lhe traga os frutos desejados. Além disso, pelo princípio da propriedade privada (art. 170, II, CF/1988), o empresário pode fazer esse uso sem a interferência de ninguém, nem mesmo do Poder Público – se sua atividade não requerer autorizações especiais, é claro. Esta é a afirmação do parágrafo único do art. 170: "É assegurado a todos o livre exercício de qualquer atividade econômica, independentemente de autorização de órgãos públicos, salvo nos casos previstos em lei" (Brasil, 1988).

Vivemos num país capitalista. Então, é natural que a propriedade privada deva ser garantida; e tal garantia é tão forte que nossa Carta Magna, além de prevê-la no rol dos princípios da atividade econômica, como acabamos de ver, também a traz genericamente, quando trata dos direitos e garantias fundamentais, em seu art. 5º, inciso XXII, garantindo o direito de propriedade a quem a detenha.

### 1.2.3 Princípio da função social da propriedade

Você, de certa forma, pelo princípio da propriedade privada, deve ter entendido que acabamos de afirmar que seu detentor pode fazer com ela o que bem entender, desde que esteja amparado na legislação, não foi isso?

Mas já alertamos que não é bem assim.

Por mais que o empresário tenha como sua a propriedade que utiliza para desempenhar sua atividade econômica, tal propriedade deve cumprir sua **função social** (art. 170, III, CF/1988).

E o que isso significa?

Vamos analisar essa questão.

O empresário – independentemente de sua atividade – tem como objetivo principal o lucro. Você concorda?

Pois bem, ele precisa de lucro e deverá consegui-lo, pois investiu, trabalhou, enfim, praticou todos os atos para que assim acontecesse. Porém, para que tenha lucro – e para que sua propriedade possa ser considerada produtiva –, desempenhando assim sua função social, obrigatoriamente deverá também ser utilizada para gerar e recolher aos cofres públicos os tributos advindos da atividade exercida e para criar empregos, fomentando seu segmento e, mais uma vez, ajudando o Estado nessa seara social.

**Se assim não for**, até como exceção ao princípio da propriedade privada, **poderá o Estado interferir**, intervindo na propriedade de quem não cumprir com sua função social, com mecanismos jurídicos próprios, capazes, até mesmo, de retirar a propriedade de quem a detenha.

### 1.2.4 Princípio da livre concorrência

A atividade econômica pode e deve ser explorada pelo particular, sem que o Poder Público interfira ou faça grandes exigências, como autorizações especiais para toda e qualquer atividade – é claro, atendendo aos requisitos mínimos exigidos por lei.

Mas o que vem a ser a **livre concorrência**?

É exatamente isso, ou seja, é a garantia, dada pela Carta Magna (art. 170, IV, CF/1988) a todos os que desejam explorar alguma atividade econômica, de plena liberdade para gerir diretamente seus negócios, desde que respaldados nos ditames legais, utilizando-se do mercado, para que, com sua criatividade, sua *expertise* e sua imaginação, possam praticar uma concorrência leal, legal e honesta. Para tal, por meio de um planejamento empresarial bem elaborado, podem aproveitar os subsídios que eventualmente possam ser oferecidos pelo Estado, sobretudo na esfera fiscal, pois esta é também uma de suas tarefas, qual seja, a de fomentar e incentivar a economia, para que, assim, possam se firmar em seu segmento de mercado.

### 1.2.5 Princípio da defesa do consumidor

O direito do consumidor será tratado em capítulo distinto de nosso estudo, mas também aqui ganha destaque quando aparece como um dos princípios constitucionais da atividade econômica (art. 170, V, CF/1988), deixando clara sua importância.

Sabemos que a defesa do consumidor tem respaldo legal especial dado pela Lei n. 8.078, de 11 de setembro de 1990 (Brasil, 1990a), que estabelece o Código de Defesa do Consumidor (CDC). No entanto, a Carta Magna já garante essa defesa ao consumidor, determinando, em outras palavras, ao empresário – colocado aqui na posição de fornecedor, qualquer que seja sua atividade – que deve sempre levar em conta o seu cliente, ou seja, o consumidor, aquele que literalmente vai consumir seu produto ou serviço. Isso significa que o empresário deve transmitir ao consumidor as regras do negócio firmado entre eles de maneira bastante transparente e compreensível, entre outras obrigações, para que possa saber claramente de todos os detalhes da operação realizada, seja em relação ao preço, ao prazo de entrega do produto ou ao término do serviço, seja em relação à quantidade e à qualidade.

Tudo isso está embasado na legislação vigente, a qual garante ao empresário o lucro na exploração de sua atividade econômica, ao mesmo tempo que protege o consumidor, em face do fornecedor, das possíveis agruras que possam existir ou aparecer. A legislação garante, até mesmo, respaldo judicial ao consumidor na busca de seus direitos quando for prejudicado na relação existente entre ele e o fornecedor, chamada de **relação de consumo**.

> *Cada vez mais, devemos refletir a respeito das prioridades, das consequências das escolhas que fazemos e dos efeitos que estas causam ao meio ambiente.*

## 1.2.6 Princípio da defesa do meio ambiente

Ao longo dos anos, as questões ambientais passaram a permear nossa vida. Nas últimas décadas, foi cada vez mais presente a reflexão sobre o quão importante é a mudança de postura e de pensamento de toda a sociedade nessa área.

Assim são as inúmeras questões relacionadas ao **meio ambiente**: como suprir as necessidades e, ao mesmo tempo, conservar ou produzir novos recursos, sem esgotar ou poluir o meio em que vivemos? Grau (2018, p. 251) assevera que

> *o princípio da defesa do meio ambiente conforma a ordem econômica (mundo do ser), informando substancialmente os princípios da garantia do desenvolvimento e do pleno emprego. Além de objetivo, em si, é instrumento necessário – e indispensável – à realização do fim dessa ordem, o de assegurar a todos existência digna. Nutre também, ademais, os ditames da justiça social.*

Cada vez mais, devemos refletir a respeito das prioridades, das consequências das escolhas que fazemos e dos efeitos que estas causam ao meio ambiente. Passamos a utilizar parâmetros para a exploração dos recursos por meio de estudos científicos e da educação ambiental. Com isso, o ato de consumir deve ser repensado e planejado por toda a cadeia produtiva, que termina no destino correto do produto consumido, seja a reciclagem, sejam os aterros controlados e preparados para receber o material, desde que não haja outra forma de descarte.

De acordo com o Relatório sobre o Desenvolvimento Mundial, produzido no ano de 1978 pelo Banco Mundial, **poluição ambiental** é

> *a adição, tanto por fonte natural ou humana, de qualquer substância estranha ao ar, à água ou ao solo, em tais quantidades que tornem esse recurso impróprio para uso específico ou estabelecido. Presença de matéria ou energia, cuja natureza, localização e quantidade produzam efeitos ambientais indesejados.* (Lemos; Gomes, 2022, p. 149)

Portanto, devemos entender por esse princípio constitucional (art. 170, VI, CF/1988), embasado na definição estampada, que, não existindo uma forma de poluição menos danosa ao ser humano e ao meio em que ele vive, temos todos a obrigação de proteger o meio ambiente – que é o maior patrimônio dos seres vivos – de toda e qualquer possibilidade de dano.

### 1.2.7 Princípio da redução das desigualdades regionais e sociais

O agente econômico, também chamado de *empresário*, tem, como estamos vendo, várias **obrigações**. Estas lhe dão, ao mesmo tempo, inúmeras **responsabilidades**, algumas relacionadas diretamente à sua atividade, outras determinadas indiretamente, como é o caso da ajuda para reduzir as desigualdades sociais e regionais.

Sabemos que essa responsabilidade é precípua do Estado, mas, quando a Constituição estampa tal obrigação como princípio da atividade econômica (art. 170, VII, CF/1988), isso nos leva ao entendimento de que o empresário deve, ao desenvolver sua atividade econômica, ajudar o Poder Público nessa tarefa – além, é claro, de tantas outras. Contudo, particularmente ao reduzir as desigualdades sociais e regionais, cremos que estará também se beneficiando, pois possibilitará que um número muito maior de pessoas adquira seus produtos ou serviços.

É importante ressaltar que as regiões que necessitam de uma atenção um pouco maior, no sentido de se verificar a existência de desigualdades sociais, são determinadas pelo Estado dentro dos parâmetros previamente estabelecidos. Ao agente econômico, a partir dessa constatação, basta sua solidariedade ao Poder Público, para que ambos possam trabalhar em conjunto, buscando um resultado mais eficaz.

### 1.2.8 Princípio da busca do pleno emprego

O que é pleno emprego? Será simplesmente um emprego no qual recebemos um excelente salário, não trabalhamos tanto e temos um chefe compreensivo?

A busca do pleno emprego não é tarefa fácil de ser realizada. Tampouco é papel apenas do empregado ou do empregador.

Somos sabedores de que o vínculo que une todos os empresários é o objetivo de lucro: qualquer que seja a atividade desenvolvida, ela deve trazer àquele que a explora o resultado de lucro, pelo menos em tese.

É bem verdade que, para aumentar o lucro, o empresário deve utilizar inúmeros mecanismos, não podendo estar alheio ao mercado. Pelo contrário, precisa estar atento diuturnamente ao movimento de seu segmento, assim como – e genericamente – a todo o movimento da economia.

Particularmente ao seu negócio, algumas práticas são necessárias.

Primeiramente, em relação ao **capital** a ser utilizado em sua atividade, este deve ser pensado de forma que seja **aproveitado de maneira racional**. O empresário deve se valer da tecnologia e da automação colocada ao seu dispor, para que sua produtividade possa sempre crescer, sem esquecer-se do fator humano, **investindo** em sua **capacitação** e automático **crescimento** profissional. Isso lhe proporcionará, em outros termos, o **aumento de seu lucro**, pois verá uma utilização coerente dos insumos necessários à exploração de sua atividade, ao mesmo tempo que terá o auxílio de profissionais mais gabaritados para ajudá-lo em seu dia a dia empresarial, como colaboradores.

A busca do pleno emprego é, de certa forma, uma **norma programática** (art. 170, VIII, CF/1988), como outras constantes em nossa Constituição, no sentido de que são normas a serem perseguidas para a sua devida efetivação – mesmo que seja praticamente impossível alcançar algumas delas, como neste caso. A existência do pleno emprego está condicionada ao equilíbrio entre oferta e demanda no mercado de trabalho, contexto em que os salários oferecidos são aceitos por serem condizentes com a necessidade dos trabalhadores. Nesse cenário, o nível de desemprego e de recessão seriam praticamente nulos.

Importante salientar que o pleno emprego somente será alcançado quando a estabilização acontecer em todos os fatores de produção anteriormente mencionados, como a racional aplicação do capital, da tecnologia, da automação e dos salários.

Por tudo isso, podemos entender o princípio da busca do pleno emprego.

### 1.2.9 Princípio do tratamento favorecido para as empresas de pequeno porte constituídas sob as leis brasileiras e que tenham sua sede e administração no país

Vemos aqui o **favorecimento** de certas empresas em detrimento de outras simplesmente por cumprirem determinados requisitos?

O princípio em tela (art. 170, IX, CF/1988) é a base constitucional para a criação do Estatuto Nacional da Microempresa e da Empresa de Pequeno Porte, estatuído pela Lei Complementar n. 123, de 14 de dezembro de 2006 (Brasil, 2006b), juntamente com o art. 179 da Constituição, que garante alguns privilégios às microempresas e às empresas de pequeno porte, para que estas possam se consolidar no mercado.

> Art. 179. A União, os Estados, o Distrito Federal e os Municípios dispensarão às microempresas e às empresas de pequeno porte, assim definidas em lei, tratamento jurídico diferenciado, visando a incentivá-las pela simplificação de suas obrigações administrativas, tributárias, previdenciárias e creditícias, ou pela eliminação ou redução destas por meio de lei. (Brasil, 1988)

E, sim, garante-se um tratamento diferenciado e favorecido a algumas empresas em detrimento de outras. Isso ocorre porque as micro e pequenas empresas, as quais são definidas por lei com base em seu faturamento bruto anual, necessitam de amparo do Poder Público – desde sua criação, durante toda a sua vigência e, até mesmo, no momento de seu encerramento – em todas as esferas (administrativas, tributárias, trabalhistas ou sociais), incluindo-se benefícios e incentivos, para que possam cumprir minimamente com os ditames legais e, assim, competir livremente no mercado.

É também necessário que tais empresas sejam constituídas sob a égide das leis nacionais e que sua sede e administração estejam no Brasil.

# Síntese

Vimos, neste capítulo, as principais características do direito empresarial. Também apresentamos os princípios constitucionais da atividade econômica, institutos basilares para o entendimento de todo o direito empresarial.

# Questões para revisão

1) Após o estudo dos princípios da atividade econômica, o que é para você a busca do pleno emprego?

2) Temos a consciência de que devemos proteger o meio ambiente, pois é um bem de todos. Sabendo disso, o que você julga ser determinado pelo princípio da atividade econômica chamado de *defesa do meio ambiente*?

3) O empresário, ao explorar sua atividade econômica, visa ao lucro. Porém, deverá fazer de tudo para que sua propriedade seja considerada produtiva, além de gerar e recolher aos cofres públicos os tributos advindos da atividade exercida e criar empregos. Assim, ele estará aplicando pontualmente qual princípio da atividade econômica?
   a. Princípio da livre concorrência.
   b. Princípio da função social da propriedade.
   c. Princípio da defesa do consumidor.
   d. Princípio da soberana nacional.
   e. Princípio da propriedade privada.

4) Afirmar que as regras do direito empresarial utilizadas em um determinado país também poderão ser usadas nas negociações análogas em outro país – é claro, guardadas algumas particularidades do local ou da região – significa fazer referência a uma das características mais antigas desse ramo do direito. Essa característica é:
   a. o cosmopolitismo.
   b. a elasticidade.
   c. a onerosidade.
   d. o informalismo.
   e. a simplicidade.

5) Uma entre várias caraterísticas do direito empresarial, que nos fazem entendê-lo de maneira mais fácil, é o fragmentarismo, assim entendido:
   a. O direito empresarial é um sub-ramo do direito comercial.
   b. Esse ramo do direito pode ser fragmentado em vários outros sub-ramos.
   c. É possível fragmentar o estudo desse ramo do direito por meio de uma série de outras normas legais.
   d. Somente é possível estudar esse ramo do direito se fragmentarmos a legislação vigente.
   e. O direito empresarial não é um ramo autônomo do direito, mas sim um fragmento do direito civil.

## Questões para reflexão

1) O princípio da livre concorrência não restringe a atividade econômica?
2) A característica da onerosidade é uma obrigação para a atividade econômica?

# II

## Conteúdos do capítulo:

» O empresário e a empresa.
» As sociedades empresárias e não empresárias.
» O estabelecimento comercial.

Aquele que desenvolve alguma atividade empresarial é chamado de *empresário*? Empresário é o dono da empresa?

Empresa é o local em que se explora determinada atividade empresarial?

Temos certeza de que estas e muitas outras perguntas são feitas diariamente. Às vezes, algumas ficam sem respostas ou são respondidas de maneira equivocada.

O Código Civil (CC) – Lei n. 10.406, de 10 de janeiro de 2002 (Brasil, 2002) – rege o direito empresarial e determina quais são as **sociedades empresárias** que podem ser exploradas pelo empreendedor. Determina também o que considera como **sociedade não** empresária. Estes serão os temas tratados neste capítulo, no qual abordaremos também o **estabelecimento comercial** ou **empresarial**.

## 2.1 O empresário e a empresa

O CC, ao dispor sobre o direito de empresa, em seu Livro II, já inicia, no art. 966, conceituando o que considera **empresário**: "Considera-se empresário quem exerce profissionalmente atividade econômica organizada para a produção ou a circulação de bens ou de serviços" (Brasil, 2002).

Mas tal definição não é de fácil e nítida compreensão, necessitando de maiores esclarecimentos.

Exercer profissionalmente uma atividade econômica organizada significa **administrar literalmente** a atividade explorada, ter aquela atividade como **profissão**, participar com habitualidade do **dia a dia empresarial**, sabendo o que acontece, ser peça fundamental nos **resultados**, sendo eles positivos ou negativos.

Requião (2015, p. 62) nos ensina:

> *O empresário é figura central da empresa. Muitos autores não distinguem o empresário comercial da antiga figura do comerciante. [...] Não há dúvida de que o empresário comercial, na linguagem do direito moderno, é o antigo comerciante. Nesse aspecto, portanto, as expressões são sinônimas. [...] hoje o conceito social de empresa, como o exercício de uma atividade organizada, destinada à produção ou circulação de bens ou de serviços, na qual se refletem expressivos interesses coletivos, faz com que o empresário comercial não seja mais o empreendedor egoísta, divorciado daqueles interesses gerais, mas um produtor impulsionado pela persecução de lucro, é verdade, mas*

*consciente de que constitui uma peça importante no mecanismo da sociedade humana. Não é ele, enfim, um homem isolado, divorciado dos anseios gerais da coletividade em que vive.*

Nem sempre o dono da empresa – ou aquele que detém a maioria das cotas ou das ações – exerce essa atividade como profissão, caso em que não será considerado empresário. Da mesma forma, qualquer indivíduo que participe do quadro societário, mas que não exerça a atividade como profissão também não será considerado empresário, sendo fácil trazer alguns exemplos. Pensemos em uma sociedade limitada comercial composta por três sócios, um advogado, um médico e um contador. O advogado e o médico exercem suas profissões particularmente; apenas o contador deixou um pouco de lado sua profissão para exercer **profissionalmente** a administração da sociedade. Nesse caso, será o único a ser considerado empresário.

Bem fácil, não é mesmo?

Ao mesmo tempo que o CC caracteriza o empresário, também determina o que considera **não empresário**.

O que isso significa?

Seria lógico entender que, não estando dentro do conceito de *empresário*, automaticamente a pessoa não será empresária – mas não é tão simples.

O parágrafo único do mesmo art. 966 determina: "Não se considera empresário quem exerce profissão intelectual, de natureza científica, literária ou artística, ainda com o concurso de auxiliares ou colaboradores, salvo se o exercício da profissão constituir elemento de empresa" (Brasil, 2002).

Explicando melhor, aquele que exerça como profissão atividade intelectual não será considerado empresário, desde que não esteja presente o elemento *empresa*.

Pensemos no profissional liberal: o médico, o dentista, o contador e outros tantos. Cada um deles pode exercer seu ofício, trabalhando sozinho ou em sociedade. Quando eles exercem sua profissão solitariamente em seu consultório ou escritório, fica mais fácil entender que não são empresários, pois literalmente são chamados de *profissionais liberais*. Porém, nada muda se eles constituírem sociedade para desenvolver suas profissões, pois, mesmo assim, poderão não estar enquadrados como empresários.

O simples fato de se constituir uma pessoa jurídica na qual seus sócios são profissionais da mesma área e, juntos, vão desempenhar suas atividades, somando esforços pessoais e individuais para que possam, ao final, usufruir dos resultados, não significa dizer que serão automaticamente considerados empresários.

A análise que há de ser feita, primeiramente, é se o desenvolvimento da sociedade depende necessariamente do intelecto de cada um de seus sócios, se cada um deles deverá, obrigatoriamente, exercer sua profissão intelectual para que os resultados apareçam, independentemente de sua natureza ser científica, literária ou artística.

Se a resposta for positiva, nenhum deles será considerado empresário e eles se enquadram no conceito de não empresário.

Já se a resposta for negativa, é bem provável que tenha aparecido o elemento *empresa*, pois os sócios resolveram não se dedicar efetivamente às suas profissões, não sendo necessário, para o sucesso da atividade desenvolvida, que trabalhem com o seu intelecto, preferindo, por exemplo, contratar outros profissionais para desempenhar as atividades intelectuais. Também optam por trabalhar na administração da sociedade, tendo como profissão a atividade econômica organizada, caso em que serão considerados empresários.

Assim fica bem mais claro, não é verdade?

E o que vem a ser a **empresa**?

É bem verdade que o CC não conceitua explicitamente a empresa. Entretanto, tal conceito está implicitamente encravado no conceito de empresário, pois, quando o art. 966 apresenta o termo *atividade econômica organizada*, está definindo o que considera empresa.

Assim, podemos entender por *empresa* a atividade econômica escolhida e organizada pelo empresário que seja capaz de produzir riquezas ou mesmo fazer circular bens ou serviços.

De acordo com Requião (2015, p. 50),

> É preciso compreender que a empresa, como entidade jurídica, é uma abstração. A muitos tal afirmativa parecerá absurda e incompreensível, dado aquele condicionamento de que a empresa é uma entidade material e visível. [...] É da ação intencional (elemento abstrato) do empresário em exercitar a atividade econômica que surge a empresa. Dalmartello põe muito claro o tema, ressaltando que a empresa é caracterizada pelo exercício da organização. Se todos os seus elementos estiverem organizados, mas não se efetivar o exercício dessa organização, não se pode falar em empresa. [...] Daí por que o conceito de empresa se firma na ideia de que é ela o exercício de atividade produtiva. E do exercício de uma atividade não se tem senão uma ideia abstrata.

Empresa, portanto, não é o local físico. É a atividade econômica conduzida e explorada da melhor maneira que o empresário entenda, para alavancar seu negócio, capaz de gerar riquezas e empregos.

É importante não confundir *empresa* com outros termos,

> *Podemos entender por empresa a atividade econômica escolhida e organizada pelo empresário que seja capaz de produzir riquezas ou mesmo fazer circular bens ou serviços.*

como *pessoa jurídica*, *estabelecimento comercial*, *sociedade* ou *empresário*, pois são institutos distintos.

Já examinamos os conceitos de empresa e de empresário. Na sequência, veremos os demais institutos.

### Espécies de empresário

Dependendo do número de pessoas, o empresário pode ser individual ou sociedade empresária.

» **Empresário individual:** Quando uma única pessoa física explora a atividade econômica – a qual, normalmente, é de pequeno vulto, não requer grandes investimentos e, automaticamente, tem menores riscos mesmo que proporcionais –, pode ser empresário individual. Nesse caso, a pessoa física e o empresário se confundem, pois se trata da mesma pessoa, motivo pelo qual sua responsabilidade é solidária e ilimitada, respondendo assim a pessoa física, com seu patrimônio pessoal, por todo o passivo assumido e não pago pelo empresário. Mesmo que tenha inscrição no Cadastro Nacional de Pessoas Jurídicas (CNPJ), emitido pela Secretaria da Receita Federal do Brasil (SRFB), o empresário individual não se enquadra como pessoa jurídica pelo simples fato de não constar no rol de possibilidades existentes no art. 44 do CC, no qual estão previstas as associações, as sociedades, as fundações, as organizações religiosas, os partidos políticos e as empresas individuais de responsabilidade limitada, sendo somente equiparado a essas categorias para efeitos fiscais.

» **Sociedade limitada unipessoal (SLU)\***: Da mesma forma que o empresário individual, a SLU é composta de uma única pessoa, que é titular de todo o capital social. Tal sociedade foi estabelecida pela Lei n. 13.874, de 20 de setembro de 2019 (Brasil, 2019a), que alterou o artigo 1.052 do Código Civil, que passou a vigorar com a seguinte redação: "§ 1º A sociedade limitada pode ser constituída por 1 (uma) ou mais pessoas. [...] § 2º Se for unipessoal, aplicar-se-ão ao documento de constituição do sócio único, no que couber, as disposições sobre o contrato social." (Brasil, 2002, art. 1.052).

Quanto à responsabilidade, o empresário individual, que será estudado em outro momento, responde solidária e ilimitadamente com seu patrimônio pessoal pelos débitos assumidos; já na SLU, o patrimônio do sócio não responde pelos débitos da sociedade, o que confere grande diferença entre os dois.

Vale também salientar que não há exigência de um valor mínimo para o capital social da SLU e que seu ato constitutivo e futuras alterações contratuais pode ser registrada na junta comercial ou no registro civil de pessoas jurídicas, a depender da escolha feita, se sociedade empresária ou não.

---

\* A Medida Provisória n. 1.085, de 27 de dezembro de 2021 (Brasil, 2021c), posteriormente convertida em lei, revogou o Título I-A (DA EMPRESA INDIVIDUAL DE RESPONSABILIDADE LIMITADA) do Código Civil, ao mesmo tempo em que a Lei n. 14.195, de 26 de agosto de 2021, já determinava que: "As empresas individuais de responsabilidade limitada existentes na data da entrada em vigor desta Lei serão transformadas em sociedades limitadas unipessoais independentemente de qualquer alteração em seu ato constitutivo" (Brasil, 2021b, art. 41).
Portanto, a empresa individual de responsabilidade limitada (Eireli) deixou de existir, sendo substituída pela SLU.

» **Sociedade empresária**: Quando duas ou mais pessoas físicas ou jurídicas se unem para explorar determinada atividade econômica, constituem uma sociedade empresária. Existem vários tipos societários que podem ser utilizados, cabendo aqui um estudo mais detalhado.

Segundo o art. 981 do CC, as sociedades são constituídas por pessoas físicas ou jurídicas. Estas, reciprocamente, obrigam-se a contribuir com bens ou serviços para o exercício de atividade econômica e a partilhar entre si os resultados. Vejamos os detalhes na sequência.

## 2.2 Sociedades empresárias

A sociedade é uma espécie de pessoa jurídica de direito privado, ao lado das associações, das fundações, das organizações religiosas e dos partidos políticos. Essa é a leitura do art. 44 do CC.

Como afirmado anteriormente e de acordo com o art. 981 do CC, a sociedade é constituída por pessoas naturais ou jurídicas e é reconhecida como sujeito de direitos e obrigações pelo nosso ordenamento jurídico.

Você já sabe que o CC trouxe várias novidades acerca do direito empresarial em relação ao Código Comercial vigente à época, adotando, inclusive, novo modo de pensar esse ramo do direito, por meio da chamada *Teoria da Empresa*, na qual várias atividades estão compreendidas como atividades econômicas ou empresariais, e não somente o comércio.

Além disso, mesmo que, a partir de seu art. 966, o CC disponha sobre o direito de empresas, ele também determina o que entende **não ser** empresário, conceito por nós já abordado. Outrossim, a partir do art. 977, quando começa a tratar das sociedades regulares, o CC apresenta as disposições relativas às sociedades simples, as quais podem ser criadas pelo não empresário, sendo elas, portanto, sociedades **não empresárias**. Isso nos obriga a também abordá-las em nosso estudo, o que faremos em seguida.

Dispondo sobre as sociedades, o CC inicia por classificá-las em **não personificadas** e **personificadas**, sendo elas as sociedades **irregulares** e as **regulares**, respectivamente, separando as **empresárias** das **não empresárias**.

Reforça esse pensamento Gonçalves Neto (2021, p. 45):

> *o vigente Código Civil separou as sociedades em empresárias e simples (ou não empresárias). Considerou empresárias aquelas que exercem atividade própria de empresário, isto é, atividade econômica organizada para a produção ou circulação de bens e de serviços; e, simples, as demais. Excluiu do âmbito das empresárias as que têm por fim o exercício de atividades intelectuais e, independentemente do objeto, reputou (i) empresárias as sociedades por ações e (ii) simples as cooperativas.*

Iniciaremos pelo estudo das sociedades **não personificadas**, que são aquelas que não possuem seu ato constitutivo ou, possuindo-o, não o levaram para o devido registro e arquivamento.

## 2.2.1 Sociedade em comum

A sociedade em comum, protótipo da **sociedade irregular**, é caracterizada quando duas ou mais pessoas se unem para comungar esforços e iniciam a exploração de determinada atividade econômica, mas não se preocupam com seu ato constitutivo nem com seu registro, que é obrigatório. Nesses casos, os direitos e as obrigações dos sócios são acertados entre eles, normalmente de maneira verbal; porém, se por escrito for, esse acordo somente terá validade entre as partes, respondendo todos os sócios perante terceiros, de forma solidária e ilimitada com seu patrimônio pessoal, pelas obrigações assumidas pela sociedade, inclusive as obrigações sociais.

Certamente você já presenciou esse tipo de sociedade, talvez até tenha participado de alguma. É aquela em que pelo menos duas pessoas resolvem trabalhar juntas e informalmente, cada uma delas injetando capital, normalmente na mesma porcentagem, mas não necessariamente comungando ou dividindo as tarefas a serem realizadas. E, no final, partilham o resultado, sendo ele positivo ou negativo.

### 2.2.2 Sociedade em conta de participação

Segunda no rol das sociedades não personificadas apresentadas pelo CC, a sociedade em conta de participação difere da sociedade em comum no sentido de que são encontrados sócios distintos: o sócio ostensivo e o sócio participante, este também chamado de *oculto*.

A **responsabilidade** dessa sociedade perante terceiros é somente do **sócio ostensivo**. É ele quem realmente aparece, tanto para os fornecedores quanto para os clientes, como se fosse o único dono da empresa. Já o **sócio participante**, que normalmente é aquele que **injeta capital**, só se obriga perante o sócio ostensivo, com quem assume os riscos e as responsabilidades e compartilha os resultados; por realmente não aparecer para terceiros, é também chamado de *sócio oculto*. Essa sociedade somente poderá ser comprovada por escrito; deverá existir um contrato que especifique todas as regras e os direitos e deveres dos sócios, para que, mutuamente, possam exigir um do outro o cumprimento do estabelecido.

Você, provavelmente, já viu uma sociedade desse tipo. Por exemplo, duas pessoas resolvem começar um negócio, sendo que uma delas conhece a atividade, mas não tem capital, e a outra tem capital, mas, além de não saber nada da atividade, não pode trabalhar nessa nova empresa, pois tem outro labor ou profissão.

A seguir, na mesma sequência do CC, abordaremos as sociedades personificadas.

### 2.2.3 Sociedade simples

Como já mencionamos, o CC, ao definir o conceito de empresário no Livro II, que trata do direito de empresa, também deixa claro quem não é empresário, sendo aquele que exerce profissão intelectual. Em seguida, determina as regras para a criação da sociedade simples (S/S), que pode ser instituída por profissionais que exercem atividade intelectual de natureza artística, científica ou literária, assim como as cooperativas, sendo que suas disposições servem de maneira subsidiária para as demais sociedades.

Assim será enquanto não estiver presente o elemento *empresa*, ou seja, não se transformar em atividade econômica organizada, caso em que se transmudaria em sociedade empresária. Deverá, por conseguinte, explorar a atividade intelectual particular de cada um dos sócios, na qual cada um possui suas habilidades técnicas, especificamente para a qual a sociedade foi instituída.

O entendimento é simples: basta os sócios não atuarem mais em suas profissões de origem, contratando como colaboradores outros profissionais para que desempenhem suas funções, enquanto eles mesmos desenvolvem atividade de administração, de gestão da sociedade, momento em que se transformam em empresários.

Um bom exemplo de sociedade simples é quando dois ou mais profissionais liberais – que podem ser médicos, dentistas, contadores etc. – resolvem trabalhar juntos em um mesmo escritório ou consultório, para exercerem suas profissões, constituindo uma sociedade formal entre si, explorando de forma profissional e pessoal a prestação de serviços a eles inerentes.

A sociedade simples é a **primeira** no rol das **sociedades personificadas** ou **regulares** dispostas pelo CC, tendo seu ato constitutivo devidamente registrado e arquivado no órgão competente, que, nesse caso, é o Cartório de Registro Civil das Pessoas Jurídicas.

Nesse momento, adquire personalidade jurídica, sendo sujeito de direito, podendo contrair obrigações e exercer direitos.

> *A sociedade só existe quando houver duas ou mais pessoas, sendo que a falta de pluralidade de sócios, como nos casos de falecimento, também será motivo de dissolução, se não for recomposta no prazo de 180 dias.*

O ato constitutivo da sociedade simples é o **contrato social**, o qual deve conter alguns requisitos obrigatórios exigidos pelo CC e outros que os sócios julguem convenientes e que não afrontem a legislação.

Entre os **requisitos obrigatórios** dispostos no art. 997 do CC, podemos ressaltar:

» o nome, a nacionalidade, o estado civil, a profissão e a residência dos sócios, se forem pessoas físicas; se forem pessoas jurídicas, a firma ou a denominação, a nacionalidade e a sede dos sócios;

» a denominação, o objeto, a sede e o prazo da sociedade;

» o capital social, expresso em moeda corrente, podendo ser integralizado por qualquer espécie de bens, suscetíveis a avaliação pecuniária;

» a correspondente quota de cada sócio no capital social e o modo pelo qual cada um vai integralizá-la, ou seja, de que maneira os sócios retirarão parte de seu capital particular e o injetarão na sociedade;

- » como será exercida a administração da sociedade, determinando poderes e atribuições aos administradores;
- » como será a participação de cada sócio na partilha dos resultados, ou seja, nos lucros e nas perdas;
- » a responsabilidade dos sócios, principalmente se eles responderão, ou não, subsidiariamente, pelas obrigações sociais.

A sociedade simples pode se dissolver quando criada com prazo determinado, findado esse prazo. Também pode ser dissolvida por decisão unânime e consensual dos sócios, ou, pelo menos, por deliberação dos sócios, por maioria absoluta, nos casos em que a sociedade tenha sido instituída por prazo indeterminado.

## 2.2.4 Sociedade em nome coletivo

A sociedade em nome coletivo é pouco encontrada, mas ainda existente, principalmente pelo fato de poder ter como sócio somente **pessoa natural**, e também em virtude da responsabilidade dos sócios. Estes respondem solidária e ilimitadamente com seus patrimônios pessoais pelas obrigações sociais, aquelas assumidas pela sociedade. Gonçalves Neto (2021, p. 280) conceitua essa categoria da seguinte maneira: "tipo de sociedade empresária que tem por sócias apenas pessoas naturais, nas quais devem obrigatoriamente recair a escolha de seu administrador, sendo todas responsáveis subsidiariamente pelo cumprimento das obrigações sociais, em caráter solidário e ilimitado".

É exatamente por isso que, nesse tipo societário, podemos encontrar o verdadeiro motivo de estar em sociedade, o chamado *affectio societatis*. O que mais interessa são as pessoas dos sócios, e não o capital que cada um deles traz, o que é reforçado pela obrigação de ter como nome comercial a firma social, devendo ser utilizada parte do nome dos sócios (por exemplo: Cecatto e Alcantara Limitada).

Os requisitos de seu contrato social são os mesmos constantes no art. 997, e as demais disposições estão previstas do art. 1.039 ao art. 1.044, todos do CC.

### 2.2.5 Sociedade em comandita simples

A sociedade em comandita simples é muito parecida com a sociedade em conta de participação, especialmente no que concerne aos tipos de sócios e suas responsabilidades.

Encontramos aqui também dois tipos de sócios. Um deles é o **sócio comanditado**, que obrigatoriamente deve ser pessoa física, respondendo solidária e ilimitadamente pelas obrigações da sociedade. O outro é o **sócio comanditário**, responsável pelo aporte do capital, não tendo qualquer outra responsabilidade, especialmente perante terceiros.

Nesse sentido, Requião (2015, p. 420) esclarece:

> *Ocorre a sociedade em comandita simples quando duas ou mais pessoas se associam, para fins comerciais, obrigando-se uns como sócios solidários, ilimitadamente responsáveis, e sendo outros simplesmente prestadores de capitais, com a responsabilidade limitada às suas contribuições de capital. Aqueles são chamados sócios comanditados, e, estes, sócios comanditários.*

A grande diferença entre a sociedade em comandita simples e a sociedade em conta de participação é que esta é não personificada, e a primeira é regular.

### 2.2.6 Sociedade limitada

A sociedade limitada é, certamente, o tipo societário mais utilizado no país. Suas disposições estão previstas no CC, do art. 1.052 ao art. 1.087, sendo que as regras da sociedade simples também podem ser utilizadas no que couber, incluindo-se os requisitos constantes no art. 997 quanto ao contrato social.

Importante destacar de imediato as alterações trazidas pela Lei n. 13.874/2019, informando que a sociedade limitada também pode ser constituída por uma só pessoa, conforme já abordamos.

Seus sócios são chamados de **cotistas**, e cada um tem a obrigação de subscrever e integralizar um determinado valor, que pode ser em qualquer tipo de bem, desde que aceito pela sociedade. É vedada a integralização com prestação de serviços para constituir o **capital social**. Essa integralização do capital social pode ser feita de imediato ou em parcelas, de acordo com o estabelecido no contrato social. No entanto, pela integralização, todos os sócios respondem solidariamente, por mais que suas responsabilidades gerais se limitem ao valor de suas cotas individuais.

Na sociedade limitada, em regra, cada sócio responde unicamente pelo valor de suas respectivas cotas, todos garantindo a integralização do capital social. Estando o capital integralizado, os credores sociais não podem executar seus créditos no patrimônio particular dos sócios, de modo que, em caso de falência da sociedade, preservam-se os bens daqueles (Coelho, 2022).

Não integralizadas as cotas no prazo e modo previstos, a sociedade – ou os sócios – pode cobrar a dívida judicialmente ou excluir o sócio, dividindo entre si ou negociando com terceiros as cotas do devedor. Ainda é possível reduzir o capital social, extinguindo-se essas cotas, mas restituindo-se ao excluído o valor que já tenha pago, deduzidas as despesas por ele geradas. O **sócio devedor**, que pode ser excluído da sociedade, é chamado de *sócio remisso*.

E nos casos em que o sócio queira **sair da sociedade**? Como deve acontecer?

O sócio que não quiser mais participar da sociedade **poderá retirar-se vendendo as cotas** para terceiros, até mesmo sem a anuência dos demais sócios, se assim o contrato social permitir.

A cláusula contratual proibitiva deverá ser bastante clara porque, sendo omisso o contrato social, a transferência das cotas a terceiros poderá ocorrer tranquilamente, desde que não haja oposição de titulares representando mais de um quarto do capital social.

O sócio também terá o **direito** de **deixar a sociedade** quando houver **modificação do contrato**, **fusão** da sociedade, **incorporação** de outra sociedade – ou dela por outra – nos 30 (trinta) dias subsequentes à reunião realizada para alguma dessas finalidades. É o direito de recesso adquirido pelo sócio dissidente, que pode **requerer reembolso** dos seus haveres, sendo liquidado o valor da cota, considerada pelo montante efetivo realizado, salvo disposição contratual em contrário, com base na situação patrimonial da sociedade, à data da resolução, verificada em balanço especial.

## Das deliberações

A vontade dos sócios estampada no contrato social será soberana, salvo se contrariar a legislação. Porém, se não houver previsão contratual diversa, excetuando-se as que exigirem quórum especial, as decisões serão tomadas por maioria de votos, conforme o valor das quotas.

As **deliberações** devem ser tomadas **em reunião ou em assembleia**, dependendo do que for estipulado no contrato social, sendo obrigatória a realização de assembleia se o número de sócios for superior a 10 (dez). Todavia, ainda assim, poderão ser dispensadas as formalidades normais de convocação se os sócios comparecerem ou declararem conhecer o local, a data, a hora e a ordem do dia.

Tanto a reunião quanto a assembleia poderão ser dispensadas se **todos** os sócios formalizarem e decidirem por escrito a matéria ou o assunto que seria objeto da convocação.

Normalmente, a reunião ou assembleia é convocada pelos administradores. No entanto, poderá ser convocada, dependendo do caso, por um dos sócios – quando os administradores retardarem a convocação por mais de 60 dias, nos casos previstos em lei ou no contrato –; por titulares de mais de um quinto do capital social – quando não atendido em oito dias o pedido de convocação devidamente fundamentado, indicando as matérias para deliberação –; ou, até mesmo, pelo conselho fiscal, se este tiver sido criado.

A assembleia se instala com a presença de titulares de, no mínimo, três quartos do capital social, em primeira convocação; em segunda convocação, com qualquer número, podendo o sócio ser representado por outro ou por advogado, com mandato especificando os atos a serem praticados, levado a registro, juntamente com a ata. O sócio ou o mandatário não pode votar matéria de seu interesse. As deliberações são lavradas no livro de atas, o qual é assinado pelos membros da mesa e pelos sócios presentes, quantos bastem à validade das deliberações. A cópia da ata, autenticada pelos administradores ou pela mesa, deve ser levada à Junta Comercial nos 20 dias seguintes.

## Da administração

A sociedade limitada pode ser administrada por um ou mais sócios ou por terceiros, designados no contrato social ou em separado, sendo a administração atribuída a todos na omissão do contrato. Contudo, tal atribuição não se estende a quem posteriormente nela ingressar.

Se algum sócio for nomeado administrador no contrato social, sua destituição dependerá da aprovação de titulares de quotas correspondentes a, no mínimo, dois terços do capital social, salvo disposição contratual diversa.

Ao final de cada **exercício social**, devem ser feitos o inventário, o balanço patrimonial e o balanço de resultado econômico.

Sem prejuízo dos poderes da assembleia dos sócios, o contrato pode instituir um conselho fiscal composto de três ou mais membros e seus respectivos suplentes, sócios ou não, residentes no país, eleitos na assembleia anual, conforme o art. 1.078 do CC. Não podem ser conselheiros fiscais, além dos inelegíveis enumerados no parágrafo 1º do art. 1.011 do CC, os membros dos demais órgãos da sociedade ou de outra por ela controlada, os empregados de quaisquer delas ou dos respectivos administradores, o cônjuge ou parente destes até o terceiro grau.

É assegurado aos sócios minoritários – representantes de, no mínimo, um quinto do capital social – o direito de eleger em separado um dos membros do conselho fiscal e seu respectivo suplente. As atribuições e os poderes conferidos pela lei ao conselho fiscal não podem ser outorgados a outro órgão, e a responsabilidade de seus membros segue a regra sobre os administradores.

Como regra – mas há que se verificar cada caso –, o administrador da sociedade limitada responde, solidária e ilimitadamente, por excesso de poder e por atos de violação do contrato ou da lei. Caso seus atos sejam praticados dentro dos ditames legais e contratuais, sua responsabilidade será solidária somente até o valor do capital social.

## Aumento e redução do capital social

Ressalvado o disposto em lei especial, depois de integralizadas as cotas, pode haver **aumento do capital** – o que implica modificação do contrato. Os sócios, nesse caso, têm direito de preempção – ou seja, têm preferência na compra –, que deve ser exercido até 30 dias após a deliberação de participarem do aumento, na proporção das cotas das quais sejam titulares. Após esse prazo – e assumida pelos sócios ou terceiros a totalidade do aumento –, haverá reunião ou assembleia dos sócios para aprovação e modificação do contrato.

Já em relação à **redução do capital**, o art. 1.082 do CC, determina que poderá ocorrer essa redução nas seguintes situações, mediante alteração contratual, não havendo impugnações:

» depois de integralizado, se houver perdas irreparáveis, caso em que haverá a diminuição proporcional das cotas individuais de cada sócio;
» se excessivo em relação ao objeto da sociedade, condição em que o capital poderá ser restituído proporcionalmente a cada sócio ou poderão ser dispensadas de integralização as parcelas do capital que ainda não tenham sido integralizadas, reduzindo-se o capital social em ambos os casos.

Estas são algumas das particularidades da sociedade limitada. Vejamos agora quais são as peculiaridades da sociedade anônima.

### 2.2.7 Sociedade anônima

O CC é muito sucinto quando trata da sociedade anônima (S/A). Limita-se a afirmar, em seu art. 1.088, que seu capital social é dividido em ações e a responsabilidade dos sócios é correspondente ao preço de emissão das ações subscritas ou adquiridas, estabelecendo ainda que suas disposições serão regidas por lei especial.

Esse diploma legal especial é a Lei n. 6.404, de 15 de dezembro de 1976 (Brasil, 1976b), a **Lei das S/A**, que examinaremos aqui.

De imediato, trazemos o conceito desse tipo de sociedade pela ótica de Fran Martins (2019, p. 231):

> *Sociedade anônima é a sociedade em que o capital é dividido em ações, limitando-se a responsabilidade do sócio ao preço de emissão das ações subscritas ou adquiridas. Essas sociedades têm um modo de constituição próprio e o seu funcionamento está condicionado a normas estabelecidas na lei ou no estatuto. São consideradas sociedades institucionais ou normativas e não contratuais, já que nenhum contrato liga os sócios entre si. As sociedades anônimas em regra são reguladas por leis especiais.*

A **subscrição** de ações é o compromisso assumido pelo pretenso acionista em adquirir determinado tipo de ação. Já a **aquisição** é a efetivação da compra, é o momento em que se pagou pela subscrição efetuada.

**Características gerais**

A **sociedade anônima** se caracteriza por ter a **responsabilidade** de seus sócios **limitada ao preço de suas ações**. Além disso, apresenta algumas peculiaridades, a saber:

» **Mercantilidade**: Independentemente da atividade a ser explorada, obrigatoriamente será sociedade empresária.

» **Subsidiária integral**: Pode instituir uma sociedade constituída por um só sócio, descaracterizando a regra máxima de que uma sociedade somente pode ser composta por duas ou mais pessoas.

» **Denominação social**: Deve utilizar como nome comercial a espécie *denominação social*, acrescida dos termos *S/A*, *Cia.*, *Sociedade Anônima* ou *Companhia*.

» **Administração**: Deve ser realizada por meio de órgãos bem definidos, como a assembleia geral, que é órgão de deliberação, o conselho de administração e a diretoria, que são órgãos de execução, e o conselho fiscal, que é órgão de controle.

» **Certificados**: De acordo com o art. 23 da Lei n. 6.404/1976, poderão ser emitidos certificados para a materialização das ações, após terem sido cumpridas as formalidades necessárias ao funcionamento legal da companhia.

Além dessas, há ainda outras particularidades relacionadas às sociedades anônimas. Veremos os detalhes a seguir.

## ■ Classificação

A sociedade anônima pode ser constituída de **duas formas diferentes**, a depender da vontade e do interesse de seus acionistas. Será **aberta** quando for possível negociar seus valores mobiliários na bolsa de valores ou no mercado de balcão, depois que forem devidamente registrados na Comissão de Valores Mobiliários (CVM). Poderá também ser **fechada**, quando não registrarem seus valores mobiliários na CVM e, automaticamente, não os negociarem no mercado de valores.

Sendo aberta ou fechada, sua constituição precisa, obrigatoriamente, passar por algumas fases preliminares, como nos ensina Coelho (2022, p. 184):

» **Subscrição**: É o início de tudo. No mínimo duas pessoas, normalmente seus criadores, devem subscrever, ou seja, devem se comprometer a comprar a totalidade das ações que formam o capital social da sociedade.

» **Realização**: É a aquisição de, pelo menos, 10% (dez por cento) de entrada – e em dinheiro – das ações anteriormente subscritas. A depender do objeto social, essa entrada poderá ser maior.

» **Depósito**: Se foram adquiridas ações, deve aparecer o dinheiro, mas a Cia. ainda não existe. A legislação, então, exige que o depósito seja feito no Banco do Brasil, podendo, porém, ser realizado em outra instituição financeira, desde que autorizado pela CVM.

Para a constituição das **companhias fechadas**, às quais se dá o nome de **simultânea** ou **particular**, só é necessário o cumprimento destas três primeiras fases. As demais etapas são feitas diretamente por seus fundadores.

Já para se criar uma **sociedade anônima aberta**, com sua constituição sendo ou **sucessiva** ou **pública**, ainda será necessário atender a outros requisitos (Coelho, 2022, p. 186):

> » **Elaboração**: Normalmente são contratadas instituições financeiras com *expertise* para a elaboração de boletins de subscrição, registrando-os na CVM.
>
> » **Oferta**: A partir do registro dos boletins de subscrição, as ações estão aptas a serem oferecidas ao público em geral, pela instituição financeira ou pela bolsa de valores.
>
> » **Convocação**: Subscritas as ações, chega o momento de convocar os subscritores para a realização da assembleia na qual deve ser literalmente discutida a constituição da sociedade, que, após a avaliação dos bens e de suas devidas aprovações, deve efetuar o pagamento das subscrições, acontecendo, pois, suas aquisições.
>
> » **Remessa**: Na assembleia, deve ser discutido e aprovado o estatuto da sociedade, que é o seu ato constitutivo. Este, juntamente com a ata da assembleia, assinados por quem é de direito, devem ser encaminhados para a Junta Comercial para registro e arquivamento, bem como enviados para publicação da certidão do arquivamento em jornal oficial.

Dessa forma, os fundadores da sociedade anônima devem estar atentos aos requisitos obrigatórios a serem observados, dependendo da espécie de sociedade a ser constituída.

## Valores mobiliários

Fizemos referência algumas vezes a **valores mobiliários**, mas ainda não esclarecemos o que significam. Vamos, então, explicar esse conceito para que você possa entendê-los melhor.

Os valores mobiliários de uma companhia são **títulos emitidos** por ela, os quais podem ser negociados com o objetivo de levantar recursos para alavancar seus negócios.

A disciplina dos valores mobiliários é encontrada na Lei n. 6.385, de 7 de dezembro de 1976 (Brasil, 1976a), que determina, em seu art. 2º, quais são os títulos sujeitos às suas disposições:

> Art. 2º São valores mobiliários sujeitos ao regime desta Lei:
> I – as ações, debêntures e bônus de subscrição;
> II – os cupons, direitos, recibos de subscrição e certificados de desdobramento relativos aos valores mobiliários referidos no inciso II;
> III – os certificados de depósito de valores mobiliários;
> IV – as cédulas de debêntures;
> V – as cotas de fundos de investimento em valores mobiliários ou de clubes de investimento em quaisquer ativos;
> VI – as notas comerciais;
> VII – os contratos futuros, de opções e outros derivativos, cujos ativos subjacentes sejam valores mobiliários;
> VIII – outros contratos derivativos, independentemente dos ativos subjacentes; e
> IX – quando ofertados publicamente, quaisquer outros títulos ou contratos de investimento coletivo, que gerem direito de participação, de parceria ou de remuneração, inclusive resultante de prestação de serviços, cujos rendimentos advêm do esforço do empreendedor ou de terceiros. (Brasil, 1976a)

Fica claro, ao mesmo tempo, que são desconsiderados como valores mobiliários os títulos da dívida pública federal, estadual e municipal e, também, os cambiais, de responsabilidade de instituições financeiras, exceto as debêntures.

Na sequência, vamos abordar alguns tipos de setores mobiliários.

*Os valores mobiliários de uma companhia são títulos emitidos por ela, os quais podem ser negociados com o objetivo de levantar recursos para alavancar seus negócios.*

■ Ação

Ação é o valor mobiliário mais importante da companhia e, independentemente de sua espécie, confere ao seu detentor o *status* de acionista e sócio, pois representa uma fração do capital social da sociedade.

Sendo titular de ações, o acionista participa da vida da empresa, podendo receber dividendos – se houver lucro –, partilhar de seu acervo nos casos de dissolução e, a depender da espécie de ação que possua, ter alguns privilégios em relação a outros acionistas.

As ações podem ser classificadas de diversas maneiras, levando em conta sua espécie, sua classe ou sua forma.

Sobre sua **espécie**, que pode conferir a seus titulares direitos ou vantagens em relação aos demais acionistas, estabelece o art. 15 da Lei n. 6.404/1976 que podem ser ordinárias, preferenciais ou de fruição.

» **Ações ordinárias (ON)**: Os possuidores de ações ordinárias detêm os mesmos direitos e deveres entre si, ao mesmo tempo conferindo-lhes o direito de voto nas assembleias gerais.

» **Ações preferenciais (PN)**: São as que conferem aos seus titulares algumas vantagens ou privilégios, como a de receber dividendos maiores (no mínimo em 10%) do que os conferidos aos portadores de ações ordinárias, salvo no caso de direito a dividendo fixo ou mínimo. Seus titulares têm prioridade em receber os dividendos em relação aos demais acionistas, mas podem não ter direito a voto, já que a Lei n. 6.404/1976 determina a possibilidade de se emitir esse tipo de ação sem direito a voto até o limite de 50% (cinquenta por cento) do total de ações emitidas. Mas o direito de votar pode ser adquirido se a sociedade, no prazo estipulado em estatuto (que não pode ser superior a três anos consecutivos), não pagar os dividendos fixos ou mínimos devidos ao acionista, sendo que tal direito permanecerá até o recebimento dos dividendos atrasados.

» **Ações de fruição**: É necessário que, primeiramente, o acionista seja titular de ações ordinárias ou preferenciais. Além disso, dispondo e permitindo o estatuto da sociedade, ele poderá amortizar suas ações, ou seja, receber seus valores e transformá-las em ações de fruições, as quais lhe conferem os mesmos direitos que detinha enquanto titular da outra espécie de ação. Porém, não poderá participar da partilha do acervo, se for dissolvida a sociedade, pois já terá recebido esse valor em virtude da amortização realizada.

Segundo a Lei das S/A, as ações ordinárias e preferenciais, dependendo do tipo de companhia – se aberta ou fechada –, podem ser divididas em classes. Adotando-se o critério da **forma**, podem ser nominativas ou escriturais.

» **Ações nominativas**: Apresentam o nome de seu titular estampado em seu texto. As ações nominativas, ao serem negociadas, são transferidas por endosso do titular ao comprador no certificado, devidamente identificado e registrado no Livro de Registro de Transferência de Ações Nominativas da companhia, a qual emitirá novo certificado ou título em nome do novo acionista.

» **Ações escriturais**: Nesse caso, não há certificado, porque as ações são representadas pelo lançamento contábil em conta de depósito bancário, sendo que sua negociação se dá por comunicação escrita do acionista à instituição financeira, que efetua os trâmites legais, transferindo-as para o novo acionista.

É **prerrogativa da sociedade** estipular, em seu estatuto, a possibilidade de **resgatar, reembolsar** ou **amortizar suas ações**.

**Resgatando-as**, a sociedade pagará o valor devido das ações, promoverá sua retirada do mercado e seu automático cancelamento. Tal prática provavelmente poderá provocar o aumento do valor das demais ações.

Se optar por **reembolsar**, pagará o valor das ações aos acionistas dissidentes. Isso ocorre porque, nesse caso, haverá uma discordância de alguns acionistas em relação às decisões tomadas em assembleia pela maioria, ficando essas ações em carteira para eventual e futura venda, podendo também ser canceladas, com a necessária redução do capital social.

Na **amortização**, a sociedade antecipará, por distribuição ou pagamento, aos titulares das ações os valores aos quais teriam direito em caso de liquidação da companhia, permanecendo as ações com seus titulares.

### Debêntures

A debênture, na verdade, é um empréstimo financeiro que a companhia toma no mercado. É um contrato de mútuo realizado entre a sociedade anônima e as mais variadas pessoas, em que o tomador – nesse caso, a sociedade – promete devolver ao credor – chamado de *debenturista* –, no prazo prefixado, o valor tomado, devidamente acrescido de juros e atualização monetária, ou mesmo transformar o valor em ações da sociedade.

Para o público em geral, trata-se de uma aplicação financeira.

### Bônus de subscrição

Bônus de subscrição são títulos negociáveis que poderão ser emitidos pela sociedade, dentro do limite de aumento de capital autorizado em seu estatuto. Eles conferem ao seu titular o direito de subscrever ações, nas condições especificadas no certificado, conforme a afirmação do art. 75 da Lei n. 6.404/1976.

## Administração

A administração da sociedade anônima, de acordo com a Lei n. 6.404/1976, deve seguir um sistema bem organizado, distribuindo poder e tarefas a determinados órgãos.

■ **Assembleia geral**

Segundo as disposições apresentadas a partir do art. 121 e seguintes da Lei das S/A, a assembleia geral da sociedade anônima é a reunião de subscritores ou acionistas convocada e instalada na forma da lei. Ela pode, desde o primeiro momento, constituir a sociedade, assim como, na sequência, deliberar sobre as questões relativas ao objeto social – tudo por meio de voto.

É, por assim dizer, o órgão máximo de deliberação, sendo soberana para discutir e aprovar, desde que não afronte o estatuto e a lei, caso em que poderá ser anulada. Sua convocação deve atender aos requisitos legais, sendo chamada, normalmente, pelo conselho de administração. Caso não exista esse conselho, poderá ser convocada pelos diretores.

Também poderá ser convocada pelo conselho fiscal, sendo uma **assembleia geral ordinária**, se os órgãos de administração retardarem sua convocação por mais de um mês. A assembleia será **extraordinária** se houver motivos graves e urgentes para tal.

Ainda poderá ser convocada por qualquer acionista, se os administradores a retardarem por mais de 60 dias; por acionistas que representem, no mínimo, 5% do capital com direito a voto, se os órgãos de administração não atenderem, em oito dias, ao pedido de convocação fundamentado, com indicação das matérias tratadas; ou, ainda, por acionistas que representem, pelo menos, 5% do capital, com ou sem direito a voto, quando os administradores não atenderem, em oito dias, ao pedido de convocação de assembleia para instalação do conselho fiscal.

Para a convocação para a assembleia geral, alguns requisitos são obrigatórios, como a publicação em mídias de grande circulação por, no mínimo, três vezes, contando data, local, horário e ordem do dia, devidamente pautada. Para as companhias fechadas, o prazo mínimo para a primeira convocação é de oito dias de antecedência, contados da primeira publicação, e de cinco dias para a segunda convocação, a qual deve ocorrer se a primeira não se realizar. Para as companhias abertas, o prazo mínimo para a primeira convocação é de 15 dias de antecedência, contados da primeira publicação, e de oito dias para a segunda convocação.

Como já mencionamos, a assembleia geral pode ser ordinária ou extraordinária. Sendo **ordinária**, sua instalação deverá acontecer anualmente, dentro dos quatro primeiros meses após o término do exercício social, quando poderão ser discutidos e decididos assuntos de interesse geral da sociedade, como – e obrigatoriamente – aprovar as contas dos órgãos de administração, deliberar sobre a demonstração financeira, o lucro e a distribuição de dividendos, eleger administradores e conselheiros fiscais, se for o caso, e aprovar ou não a correção monetária do capital social.

A assembleia geral **extraordinária** será convocada, literalmente, de maneira extraordinária, para tratar de assuntos que lhe são destinados por lei – por exemplo, temas como a reforma ou a alteração do estatuto. Caso não seja realizada a assembleia ordinária dentro do prazo previsto, terá a extraordinária competência para versar sobre qualquer matéria.

### Conselho de administração e diretoria

O conselho de administração é órgão executivo, tendo espaço entre a assembleia geral e a diretoria, sendo que suas decisões são colegiadas, ou seja, são tomadas em grupo. Várias são as suas competências, entre elas a de eleger, destituir e fiscalizar a diretoria, que deve executar suas determinações, bem como a de orientar genericamente os negócios da companhia. Não é obrigatória a criação do conselho de administração para as companhias fechadas.

Criado o conselho de administração, a assembleia geral elegerá seus membros – três, no mínimo –, que também poderão ser destituídos por ela. Estes deverão exercer seus poderes previamente estabelecidos, pessoalmente, pois suas competências são indelegáveis. O prazo de gestão do conselho não poderá ser superior a três anos, sendo permitida a reeleição.

Algumas pessoas estão impedidas de integrar o conselho de administração e a diretoria. É o caso dos residentes no exterior; das pessoas jurídicas; daqueles que, por algum motivo, estiverem impedidos por lei; dos condenados por crime falimentar, em alguma das hipóteses constantes na Lei n. 11.105, de 9 de fevereiro de 2005 (Brasil, 2005); dos declarados inabilitados pela CVM, entre outros.

Os diretores serão eleitos pelo conselho de administração e, não havendo este, pela assembleia geral, em um número fixado pelo estatuto – não inferior a dois. Os cargos de diretoria poderão ser preenchidos por conselheiros, desde que isso não ultrapasse um terço do total de diretores.

Para ser eleito **diretor**, o indivíduo pode ser estranho ao quadro social, mas precisa preencher alguns requisitos, entre outros:
» ter domicílio e residência no país;
» possuir os conhecimentos técnicos exigidos;
» não estar impedido por lei;
» não ter sido condenado por certos crimes;
» não ter sido declarado inabilitado pela CVM.

É competência da diretoria representar a sociedade, realizar todas as funções administrativas, além de estabelecer a política geral da companhia. Não havendo conselho de administração, cabe-lhe também a execução dessa política.

Consoante o art. 158 da Lei n. 6.404/1976, os administradores não respondem pessoalmente pelos atos praticados, ou por obrigações assumidas em nome da companhia, no desempenho regular de suas funções. Porém, podem ser responsabilizados pela sociedade em relação a prejuízos causados por culpa ou dolo, mesmo no exercício regular de suas atribuições, ou praticados em afronta ao estatuto ou à legislação vigente.

- Conselho fiscal

A sociedade anônima pode ter um conselho fiscal. Este deve ser composto de, no mínimo, três e, no máximo, cinco membros, podendo ainda ter suplentes em igual número. Os membros desse conselho podem ser acionistas ou não e devem ser eleitos em assembleia geral.

Esses membros devem preencher algumas condições, como ser pessoa física residente no país, possuir curso universitário ou ter exercido por, pelo menos, três anos o cargo de administrador de empresa ou de conselheiro fiscal.

## Lucros, reservas e dividendos

O objetivo da sociedade anônima, comum a toda empresa, é a **obtenção de lucro**. O lucro é uma das possibilidades quando da apuração do resultado líquido da atividade, a qual pode também causar **prejuízos**.

O lucro obtido sobre o valor conseguido com a aplicação do capital social e outros recursos pode ser bruto, líquido e final.

O **lucro bruto** é a quantia bruta obtida pelo emprego do capital e de outros recursos, sem qualquer dedução. O **lucro líquido** é obtido no exercício social, após dedução de prejuízos acumulados, provisão do imposto de renda e participações estatutárias dos empregados, dos administradores e das partes beneficiárias. Já o **lucro final** é apurado na liquidação da sociedade, após o pagamento do passivo.

**Dividendo** é o valor a ser entregue ao acionista, apurado mediante divisão do lucro líquido pelo número de ações. O dividendo, de acordo com a previsão do seu pagamento, pode ser designado fixo, obrigatório, mínimo, intermediário ou cumulativo. Essas são as determinações do art. 201 ao art. 205 da Lei n. 6.404/1976.

Vejamos como se definem os tipos de dividendos:
- » **Fixo**: É o dividendo previsto no estatuto, que dispõe do valor e da data de pagamento, sendo imutável sua porcentagem, prefixada em relação ao capital social.
- » **Obrigatório**: É o dividendo pago aos acionistas em cada exercício, que deve corresponder, pela omissão do dividendo fixo no estatuto, à metade do lucro líquido diminuído da reserva legal, da reserva para contingências e da reserva de lucros a realizar.
- » **Mínimo**: É aquele fixado por alteração do estatuto, por ser omisso, e não pode ser inferior a 25% (vinte e cinco por cento) do lucro líquido, com as mesmas deduções previstas na lei para o caso de omissão, sendo pago em cada exercício.
- » **Intermediário**: É aquele apurado em balanço semestral, feito por força de lei especial ou estatuto, e distribuído por conta do lucro apurado no período.
- » **Cumulativo**: É o dividendo que não foi distribuído no exercício e que, por isso, fica acumulado ao do exercício seguinte.

A **reserva** nada mais é do que o **lucro não distribuído**, podendo ser legal, estatutária, contingencial e de capital. É o que dispõem os arts. 193 a 200 da Lei n. 6.404/1976.

- » **Reserva legal**: Deve ser correspondente a, no mínimo, 5% do lucro líquido do exercício, sem poder exceder 25% do capital social. Não é distribuída para assegurar a integridade do capital social.
- » **Reserva estatutária**: É aquela reserva aprovada em assembleia geral. Ao ser inserida no estatuto, deve-se detalhar sua destinação e a maneira como será constituída.
- » **Reserva contingencial**: É a reserva criada por meio de proposta dos órgãos de administração, com o objetivo de compensar, em exercício futuro, a diminuição de lucro por prováveis perdas que possam ser estimadas.

» **Reserva de capital**: É a reserva utilizada para absorver prejuízos superiores aos lucros acumulados e às reservas de lucros. Pode ser usada também no resgate, reembolso ou compra de ações, ou no resgate de partes beneficiárias, ou na incorporação ao capital social, ou para pagamento dos dividendos para as ações preferenciais, quando essa vantagem lhes for assegurada.

São essas as caraterísticas mais marcantes das sociedades anônimas, previstas na Lei n. 6.404/1976. Essa categoria também faz parte das sociedades por ações, ao lado das chamadas *sociedades em comandita por ações*, que veremos a seguir.

### 2.2.8 Sociedade em comandita por ações

Também disposta pela Lei n. 6.404/1976, a mesma que regula as sociedades anônimas, a sociedade em comandita por ações obedece às normas gerais e tem as mesmas características da sociedade em comandita simples. Porém, há algumas peculiaridades, pois o sócio comanditado é, obrigatoriamente, um de seus acionistas, sendo todos os demais sócios comanditários.

Ressaltemos novamente que o sócio comanditado, o qual deve obrigatoriamente ser pessoa física, responde solidária e ilimitadamente pelas obrigações da sociedade. Já o sócio comanditário, responsável apenas pelo aporte do capital, não tem outra responsabilidade, especialmente perante terceiros. Também pensa assim Gonçalves Neto (2021, p. 417):

> *(i) o sócio comanditado, que administra a sociedade e, como tal, responde subsidiária e ilimitadamente pelas obrigações sociais; e (ii) o sócio comanditário que, como qualquer acionista de companhia, tem sua responsabilidade limitada ao preço de emissão das ações que subscrever ou adquirir.*

É uma sociedade por ações *sui generis*, pois suas particularidades não são encontradas nas demais. De acordo com Negrão (2022, p. 422),

> *A intenção do legislador foi fazer coincidir o poder de gestão com a responsabilidade pessoal, além de favorecer, em particular, a ampliação da empresa individual permitindo-lhe obter recursos no mercado de capitais e possibilitando, por outro lado, que seu fundador conserve, com segurança, uma posição de estabilidade em sua direção.*

Assim, vislumbramos também uma possibilidade para o empresário individual de ver **crescer** seus negócios, mudando seu tipo societário. Com isso, poderá **captar recursos** e **ampliar suas atividades**, continuando com o controle e a administração da sociedade.

Terminamos o estudo das sociedades deixando claro que, entre as sociedades personificadas, apenas três são hoje largamente utilizadas no Brasil: as **simples**, que são as sociedades não empresárias e cooperativas, as **anônimas**, obrigatoriamente mercantis, e as **limitadas**, que podem ser empresárias ou não.

## 2.3 Estabelecimento comercial

Por mais que a Lei n. 10.406/2002 trate do estabelecimento comercial de maneira muito modesta, é importante darmos um destaque a esse instituto. Reputamos ser de vital importância ao empresário e à sua empresa o conhecimento desse tema.

Também chamado de *fundo de comércio*, o art. 1.142 do CC define *estabelecimento comercial* como o complexo de bens que o empresário – sendo ele individual ou sociedade empresária – tem ao seu dispor para melhor explorar sua empresa. A Lei n. 14.382, de 27 de junho de 2022 (Brasil, 2022), trouxe alterações a esse artigo, que passou a vigorar com a seguinte redação:

> § 1º O estabelecimento não se confunde com o local onde se exerce a atividade empresarial, que poderá ser físico ou virtual. (Incluído pela Lei nº 14.382, de 2022)
> § 2º Quando o local onde se exerce a atividade empresarial for virtual, o endereço informado para fins de registro poderá ser, conforme o caso, o endereço do empresário individual ou o de um dos sócios da sociedade empresária. (Incluído pela Lei nº 14.382, de 2022)
> § 3º Quando o local onde se exerce a atividade empresarial for físico, a fixação do horário de funcionamento competirá ao Município, observada a regra geral prevista no inciso II do caput do art. 3º da Lei nº 13.874, de 20 de setembro de 2019. (NR) (Incluído pela Lei nº 14.382, de 2022) (Brasil, 2002, art. 1.142)

Mas o que pode fazer parte dos bens do empresário? Somente bens materiais?

Pelo conceito de estabelecimento já comentado, podemos entender que dele faz parte tudo aquilo que o empresário possua. De acordo com a lição de Coelho (2021, p. 60), "O estabelecimento empresarial é a reunião dos bens necessários ao desenvolvimento da atividade econômica". Na visão de Fazzio Júnior (2020, p. 65), é "o conjunto de bens (materiais e imateriais) e serviços, organizados pelo empresário, para a atividade da empresa. Ou melhor, é o complexo dos elementos que congrega e organiza, tendo em vista obter êxito em sua profissão".

Por assim dizer, é o patrimônio da empresa. Em virtude dessa importância, é melhor estudá-lo um pouco mais. Independentemente de outras classificações, vamos adotar aquela que o divide em **bens materiais** e **bens imateriais**.

Vale ressaltar que o estabelecimento comercial pode ser vendido, total ou parcialmente, por meio do contrato de trespasse, independentemente da pessoa jurídica, como também pode ser arrendado ou locado. A operação de venda estará sujeita a algumas condições, como à anuência dos credores ou ao pagamento de suas dívidas – ou mesmo à reserva de bens suficientes para pagamento das dívidas –, ou à prévia notificação dos credores sobre a venda e a inexistência de oposição destes, sob pena de a venda se configurar em ato de falência.

## 2.3.1 Bens materiais

Também chamados de *bens corpóreos* ou *tangíveis*, bens materiais são aqueles bens que podemos tocar, que podemos pegar. São, como regra, facilmente mensuráveis, ou seja, seu valor de mercado é de fácil constatação. Entre esses bens podem estar desde uma cadeira e uma mesa até máquinas e equipamentos, bem como o próprio estoque de produtos e mercadorias.

## 2.3.2 Bens imateriais

Em contraposição aos bens materiais, os bens imateriais são também chamados de *incorpóreos* ou *intangíveis*, ou seja, são aqueles bens que não podemos tocar, que não podemos pegar. São, portanto, **direitos**. São também bens mensuráveis, mas, dependendo do bem, a aferição de valor não é tarefa das mais fáceis – e você vai entender o porquê.

Em relação aos bens imateriais, eles se subdividem em: **créditos; aviamento; ponto comercial** e **propriedade industrial**.

## Créditos

Independentemente da atividade econômica, o empresário precisa **vender** seus bens ou serviços, para que possa suprir suas necessidades empresariais e ter lucro. Essas vendas podem se realizar **à vista** ou **a prazo**, conforme o acordo firmado com seu cliente.

Se a venda for a prazo, estará facilitando o pagamento ao seu cliente. Este, às vezes, estará impossibilitado de pagar todo o valor de uma só vez, precisando que lhe seja concedido um **crédito**.

Os pagamentos, dessa forma, serão efetuados da maneira pactuada entre ambos. Contudo, enquanto o pagamento não acontecer, o empresário terá direito aos créditos devidos por seu cliente. Para sua garantia, os créditos poderão ser representados por títulos – como o cheque, a nota promissória ou a duplicata –, que, por segurança, poderão ser custodiados em instituições bancárias.

Necessitando de capital, os títulos de crédito poderão fazer parte de operações de crédito em instituições financeiras, como o desconto bancário e o capital de giro, ou ainda como contrato de *factoring*. Este será também objeto de nosso estudo.

## Aviamento

Já sabemos que o maior objetivo do empresário é o lucro. Mas como ele pode obter esse lucro?

De diversas formas o empresário pode buscar o tão almejado lucro, tendo de se utilizar, no mais das vezes, de sua **criatividade**. Tanto as tratativas com seus fornecedores como o atendimento dispensado aos seus clientes podem ser computados para uma melhor *performance* com vistas a seu maior objetivo.

O preço praticado, a exposição e a qualidade dos produtos, a qualidade do serviço prestado, assim como os próprios clientes, também são essenciais para o alcance do mesmo objetivo.

Na visão de Tomazette (2022, p. 15),

> Não obstante seja incorreto falar-se em direito à clientela, é certo que há uma proteção jurídica a ela, consistente nas ações contra a concorrência desleal. Todavia, tal proteção não torna a clientela objeto de direito do empresário, pois o que se protege na verdade são os elementos patrimoniais da empresa, aos quais está ligada a clientela, esta recebe uma proteção apenas indireta.

*De diversas formas o empresário pode buscar o tão almejado lucro, tendo de se utilizar, no mais das vezes, de sua criatividade.*

Por tudo isso, podemos entender *aviamento* como tudo aquilo que o empresário faz para alcançar seu maior objetivo, que é o lucro.

## Ponto comercial

Você certamente já ouviu falar no termo *ponto comercial*. É só dar uma volta nas ruas de sua cidade para notar algumas placas anunciando a venda ou o aluguel de um ponto comercial.

Mas será que qualquer pessoa pode ser detentora de um ponto comercial?

Sem sombra de dúvidas, quem está vendendo um ponto comercial acredita que tenha algum direito sobre ele. Entretanto, o problema é que, na maioria dos casos, esse direito não está respaldado na legislação.

Como o próprio nome já nos indica, *ponto comercial* é o local onde o empresário desempenha sua atividade, onde recebe a clientela, podendo ser físico ou virtual.

Conforme Franco (2004, p. 129),

> *O ponto ou local de negócios, portanto, é o fator de atração da clientela que, como tal, resulta da atividade desenvolvida pelo empresário. Se outro pode dele se valer,*

*ocorrerá o desvio da clientela, com o desapossamento injusto daquele que, por seu esforço, tornou conhecidos seus produtos e serviços. [...] o local em que está situado o estabelecimento comercial e é para onde a clientela se dirige. Pode ter existência física ou virtual (exemplo, o endereço eletrônico – site – internet). Qualquer que seja a sua realidade, é tutelado por lei.*

Para que possamos entender o direito ao ponto comercial, devemos buscar ajuda de outro diploma legal, a Lei n. 8.245, de 18 de outubro de 1991, a Lei do Inquilinato (Brasil, 1991).

Então, você pode perguntar: qual é a relação entre ponto comercial e locação?

Vamos explicar. Mas, de imediato, é importante afirmar que não é qualquer pessoa que pode ter direito ao ponto comercial, é somente o empresário – mesmo assim, apenas se ele atender a alguns requisitos.

Quando a Lei de Locações, ou Lei do Inquilinato, dispõe sobre a locação não residencial, em seu art. 51, ela inicia por garantir o direito ao locatário de renovar seu contrato de locação se estiverem presentes cumulativamente – ou seja, ao mesmo tempo – alguns requisitos:

» que o contrato a renovar tenha sido celebrado por escrito e com prazo determinado;
» que o contrato de locação não residencial tenha sido firmado por um prazo mínimo de cinco anos ou, tendo sido firmado por prazos inferiores, que suas renovações tenham sido ininterruptas, sem qualquer lapso de tempo, e que a soma de todos eles seja de, pelo menos, cinco anos;
» que o empresário locatário tenha explorado a mesma atividade econômica, ou seja, o mesmo ramo de negócio, pelo prazo mínimo e ininterrupto de três anos.

Estando presentes todos esses requisitos e, mesmo assim, se o locador, proprietário do imóvel, recusar-se a renovar o contrato, cabe ao locatário demandar judicialmente ação renovatória no prazo de um ano a seis meses antes do término do contrato de locação, para ter direito à renovação compulsória.

Mas o locador é proprietário do imóvel. Se ele não quiser mais alugá-lo, a lei o obriga?

O direito de propriedade é direito fundamental previsto em nossa Constituição Federal de 1988 (Brasil, 1988), e ninguém poderá obrigá-lo a continuar com a locação. Porém, se não estiver em conformidade com os motivos previstos na Lei n. 8.245/1991 – e tendo o locatário cumprido com todos os requisitos anteriormente trazidos –, o locador deverá indenizá-lo pelo valor do ponto comercial.

## Propriedade industrial

Todos os bens que fazem parte do estabelecimento comercial, corpóreos ou incorpóreos, podem ser protegidos pelo empresário dentro das mais variadas formas existentes – mas a **propriedade industrial** pode ter uma proteção diferenciada.

Primeiramente, precisamos saber o que é propriedade industrial.

A Lei n. 9.279, de 14 de maio de 1996 (Brasil, 1996b), que estabelece o Código de Propriedade Industrial (CPI), dispõe sobre a propriedade industrial, informando quais são os bens que podem ser caracterizados como tal e determinando as possíveis proteções a serem utilizadas para cada um deles.

Os bens que podem ser enquadrados como propriedade industrial são a invenção, o modelo de utilidade, o desenho industrial e a marca. Suas proteções são a **patente**, para os dois primeiros, e o **registro**, para os dois últimos, sendo que cada um deles apresenta suas peculiaridades, tanto em sua caracterização quanto em sua proteção.

Vejamos como se definem esses bens.

- » **Invenção**: É produto do intelecto humano, que cria algo inexistente e que poderá ser utilizado industrialmente. Exemplo: fórmula de remédio para a cura do câncer.
- » **Modelo de utilidade**: É o produto de uso prático, útil. Pode ser aproveitado um produto já existente, sendo melhorada sua praticidade, deixando-o mais útil – em outras palavras, é a forma nova criada para ser aplicada em objeto existente, melhorando seu uso. Coelho (2021, p. 87) entende que o modelo de utilidade é o objeto "de uso prático suscetível de aplicação industrial, com novo formato de que resulta melhores condições de uso ou fabricação. Não há, propriamente, invenção, mas acréscimo de utilidade de alguma ferramenta, instrumento de trabalho, utensílio, pela ação da novidade parcial que se lhe agrega". Exemplo: cadeira de praia desmontável.
- » **Desenho industrial**: Difere do modelo de utilidade no sentido de que é voltado à plasticidade do produto. O desenho precisa ser original e deve tornar um produto já existente mais vistoso, dando-lhe novo visual, com novas linhas, cores ou plástica. Exemplo: novo modelo de banco de automóvel.
- » **Marca**: Pode ser de diversos tipos para identificar os serviços ou os produtos do empresário, como emblemas, nomes e símbolos. Na lição de Martins (2019, p. 443), chamamos de *marcas* "os nomes, palavras, denominações, monogramas, emblemas, símbolos, figuras e quaisquer outros sinais usados com o fim de distinguir mercadorias, produtos industriais ou serviços de outros semelhantes". Exemplos: Pepsi, Renault.

O responsável por aferir se determinado bem imaterial pode ser qualificado como propriedade industrial, bem como por garantir sua proteção, é o Instituto Nacional da Propriedade Industrial (Inpi), um órgão federal ligado ao Ministério da Indústria, Comércio Exterior e Serviços (MDIC), com sede na cidade do Rio de Janeiro e escritórios espalhados pelo Brasil.

Para que sejam patenteáveis ou registráveis, genericamente, a invenção, o modelo de utilidade, o desenho industrial e a marca devem apresentar os itens a seguir, além de não incorrerem em qualquer dos impedimentos legais:

» **Novidade**: Literalmente, deve ser novo, o que, nesse caso, é entendido como aquilo que ainda não é conhecido pelas comunidades industrial, técnica ou científica – de acordo com o art. 11 do CPI, quando não é compreendido no estado da técnica (Brasil, 1996b). Para a marca, essa novidade não é absoluta, precisando ser nova simplesmente sua utilização pelo empresário.

» **Atividade inventiva**: O produto deve ser original e não uma simples decorrência do estado da técnica, ou seja, deve aperfeiçoar um produto já existente ou conhecido.

» **Aplicação industrial**: A indústria pode utilizar o produto diretamente ou mesmo produzi-lo em larga escala.

Cada uma dessas proteções guarda suas particularidades também em relação ao **prazo de duração**, que é um período determinado de tempo em que seu detentor possui exclusividade em seu uso. Terminado tal prazo de proteção, todos poderão utilizar o produto ou a forma de fazê-lo, caindo, por assim dizer, em domínio público.

Os prazos de proteção determinados pelo CPI são de **20 anos** para a **invenção** e de **15 anos** para o **modelo de utilidade**, bens passíveis de **patente**, sem a possibilidade de renovação.

Para o **desenho industrial**, passível de **registro**, o prazo inicial é de **10 anos**, podendo ser renovado por mais três períodos de 5 anos cada um.

Já para a **marca**, também passível de **registro**, o prazo inicial é o mesmo do desenho industrial, de **10 anos**, mas pode ser renovado indefinidamente – sempre pelo período de 10 anos a cada renovação.

Para cada uma das renovações, o empresário – ou detentor da proteção – deve estar atento às regras que lhe são características, sob pena de perdê-la.

## 2.4 Registro de empresas

Será que a lei obriga o empresário a **registrar sua empresa**?

A resposta é "sim", se lermos friamente o art. 967 do CC: "É obrigatória a inscrição do empresário no Registro Público de Empresas Mercantis da respectiva sede, antes do início de sua atividade" (Brasil, 2002).

Entretanto, ao mesmo tempo que existe essa obrigação legal, o CC também considera válidas – e, portanto, com direitos e obrigações – as chamadas *sociedades não personificadas*, que veremos na sequência de nosso estudo. Esclarecemos, neste ponto, que se trata de sociedades que não têm, ou que não registraram, seus atos constitutivos.

As normas legais sobre o registro público de empresas mercantis estão dispostas na Lei n. 8.934, de 18 de novembro de 1994 (Brasil, 1994a) e em seu regulamento, que é o Decreto n. 1.800, de 30 de janeiro de 1996 (Brasil, 1996a).

Com base na análise desses diplomas legais, entendemos que existe um aparelho sistematizado muito bem elaborado, composto por órgãos federais e estaduais dispostos a uniformizar, coordenar e administrar o registro das empresas em todo o país. Esse aparelho sistematizado é conhecido como **Sistema Nacional de Registro de Empresas Mercantis (Sinrem)**, o qual, por sua vez, abriga o **Departamento de Registro Empresarial e Integração (Drei)**, órgão federal com jurisdição em todo o território nacional e que tem a incumbência de estabelecer normas gerais, orientar, supervisionar e coordenar o registro de empresas. Também há as **juntas comerciais**, órgãos estaduais presentes em todos os estados brasileiros, com jurisdição dentro do estado a que pertencem e ao qual são subordinadas administrativamente. Elas são responsáveis pelos registros das empresas, desde sua matrícula até seu encerramento, arquivando seus atos constitutivos e alterações contratuais, autenticando documentos dos empresários, dos trapicheiros, dos leiloeiros e de outros profissionais que estão obrigados por lei a manter seu registro nas juntas comerciais.

Ao registrar e arquivar o ato constitutivo do empresário, a junta comercial emite o **Número de Identificação de Registro de Empresa (Nire)**. Em outras palavras, é a partir desse registro que o empresário passa a existir regularmente, adquirindo personalidade jurídica, e esse número de identificação o acompanhará por toda a sua vida empresarial.

Destacamos que, sendo o empresário **coletivo** – ou seja, a sociedade empresária –, seu ato constitutivo pode ser o contrato social ou o estatuto, dependendo de seu tipo empresarial – sociedade limitada ou sociedade anônima, respectivamente. Quando se trata de empresário **individual**, o ato constitutivo é o requerimento de empresário.

## 2.5 Obrigações do empresário

Todos nós, sejamos empresários ou não, temos nossas **obrigações legais**, algumas até mesmo comuns, como a de manter em dia o pagamento de nossos tributos, para que o Estado possa cumprir suas tarefas. Mas a Lei n. 10.406/2002 determina algumas **obrigações diretas ao empresário**.

O art. 1.179 do CC impõe ao empresário – seja individual, seja sociedade empresária – a obrigação de "seguir um sistema de contabilidade, mecanizado ou não, com base na escrituração uniforme de seus livros, em correspondência com a documentação respectiva, e a levantar anualmente o balanço patrimonial e o de resultado econômico" (Brasil, 2002).

Em relação aos livros, o CC entende que o único obrigatório a todos os empresários é o **Livro Diário**, sendo que outros livros ou documentos dependerão da peculiaridade de cada atividade, podendo ser exigidos ou não.

É importante lembrar, pois já vimos em nosso estudo, que o CC, respaldado na Constituição, ainda confere às micro e pequenas empresas um tratamento favorecido, diferenciado e simplificado, desde sua criação até – se for o caso – seu encerramento, incluindo-se a escrituração contábil e, nesse particular, a sua não obrigatoriedade.

Salientamos que existe certa discussão em relação a essa obrigatoriedade para as micro e pequenas empresas, principalmente quando precisam participar de licitações, para poderem contratar com o Poder Público. Nesses casos, os editais convocatórios normalmente fazem tal exigência, ou seja, a de que as empresas demonstrem sua escrituração contábil, mas entendemos que, tratando-se unicamente de uma exceção à regra, essa diferenciação em nada afronta a legislação.

O que ainda não deixamos claro é o que determina a caracterização de uma **microempresa** e de uma **empresa de pequeno porte**.

A Lei Complementar n. 123, de 14 de dezembro de 2006 (Brasil, 2006b), que criou o Estatuto Nacional da Microempresa e da Empresa de Pequeno Porte, determina, em seu art. 3º, que a empresa que tiver um faturamento bruto anual até o valor de R$ 360.000,00 será considerada microempresa (ME). Já aquela que auferir um faturamento bruto anual compreendido entre os valores de R$ 360.000,00 e R$ 4.800.000,00 será considerada empresa de pequeno porte (EPP). Tais valores são alterados de tempos em tempos, atendendo às realidades do mercado.

## 2.6 Nome empresarial

O empresário precisa também de um nome, para que se torne conhecido e para que possa assumir seus direitos e contrair suas obrigações. O **nome comercial** é aquele usado – obrigatoriamente, dentro do que determina a legislação – pelo empresário – seja individual, seja sociedade empresária – para que possa exercer sua atividade e seus direitos, contraindo obrigações.

Entre os diplomas legais que dispõem sobre o nome comercial estão o CC, nos arts. 1.155 a 1.168, a Lei n. 8.934/1994, sobre Registro Público de Empresas Mercantis e Atividades Afins, e a Lei n. 6.404/1976, sobre sociedade anônima.

As possíveis espécies de nome comercial ou de nome de empresa, informadas pelo CC, são a firma individual, a firma social e a denominação social.

» **Firma individual**: É o nome comercial de uso obrigatório para o empresário individual, no qual consta seu nome civil, sendo possível constar também outras expressões que distingam sua atividade. Exemplos: Roberval Taylor, Roberval Taylor-Bebidas; Roberval Taylor-Roupas.

» **Firma social**: Seu uso é obrigatório para as sociedades em nome coletivo e comandita simples, sendo facultado para as demais. Pode ser composto pelo nome de todos os sócios ao mesmo tempo ou somente de alguns, acrescido de algumas expressões, como **Ltda.** e **& Cia. Ltda.**, se ocorrer a omissão do nome de algum deles. Exemplos: Cecatto & Alcantara; Alves, Alcantara & Cecatto; Alcantara & Cia.

» **Denominação social**: É de uso obrigatório para as sociedades anônimas e facultativo para as demais sociedades que não tenham a obrigação de utilizar outro nome comercial. É a espécie de nome comercial mais utilizada, formada por qualquer expressão, mas normalmente ligada à atividade empresarial realizada e acompanhada de expressões que identificam o tipo de sociedade, como **Ltda.** ou **S/A**. Exemplos: Lojas Brasileiras S/A; Bazar Curitibano Ltda.

Ressaltamos que, para o microempresário e para o empresário de pequeno porte, a lei obriga ainda que se insiram junto ao nome comercial as siglas **ME** ou **EPP** – ou as expressões *microempresário* ou *empresário de pequeno porte*, respectivamente.

Sobre o nome comercial, Martins (2019, p. 428) corrobora nosso entendimento:

> *[é] a designação por meio da qual [o empresário] se torna conhecido do público constando a designação de um nome de fantasia ("Empório das Bonecas", "A cachaça Mineira", "Casa Oriente"), de um termo ou expressão relativa às atividades empresariais do estabelecimento ("Informática Presidente"; "Relojoaria Suíça", "Marcenaria Cometa") ou mesmo da firma ou denominação do estabelecimento ("A Pereira & Cia", "Cia. Têxtil de Roupas"). Neste último caso o título do estabelecimento se confunde com o nome empresarial.*

> *O empresário precisa também de um nome, para que se torne conhecido e para que possa assumir seus direitos e contrair suas obrigações.*

Não devemos confundir os vários institutos que a empresa pode possuir, como o nome comercial, a marca e o nome de fantasia, pois são distintos.

A **marca**, como já vimos, é uma propriedade industrial. O **nome de fantasia** é aquele pelo qual o empresário torna-se conhecido no mercado, como *Lojas Curitibanas, Restaurante Badejo*.

Já o **nome comercial** – ou **empresarial** – é aquele devidamente registrado na junta comercial, com o qual o empresário adquire personalidade jurídica e pratica todos os atos de sua vida empresarial.

Essas são as principais particularidades em relação ao nome empresarial, o qual, em algumas situações, o empresário pode optar por utilizar, como no caso do nome de fantasia. Porém, em outras, dependendo de ele ser individual ou coletivo, ou mesmo em relação à sua atividade, é obrigado a utilizar aquele determinado pela lei.

## Síntese

Neste capítulo, tratamos da atividade empresarial, abordando a empresa e o empresário. Também examinamos suas espécies individuais e coletivas, esmiuçando um pouco mais as noções sobre as sociedades empresárias e não empresárias. Analisamos ainda o estabelecimento comercial ou empresarial, destacando seu conceito e os bens que dele fazem parte.

## Questões para revisão

1) As sociedades anônimas podem ser abertas ou fechadas, guardando, cada uma delas, suas características e suas peculiaridades. Quais são suas diferenças básicas?

2) Entre as possibilidades de reorganização societária previstas na Lei das S/A, temos que as sociedades podem se transformar por meio da incorporação, da cisão ou da fusão. Explique o que você entende por *fusão* como reorganização societária.

3) São encontrados vários tipos societários no CC, entre eles os das sociedades regulares e irregulares, classificadas, respectivamente, em personificadas e não personificadas. Entre as sociedades não personificadas, podemos encontrar:
   a. a sociedade em comandita simples.
   b. a sociedade em comum.

c. a sociedade anônima.
d. a sociedade limitada.
e. a sociedade simples.

4) Na sociedade em conta de participação, regulamentada pela Lei n. 10.406/2002, existem dois tipos de sócios. Um deles é o sócio participante, também chamado de *sócio oculto*; o outro é o sócio:
   a. proprietário.
   b. extensivo.
   c. intensivo.
   d. ostensivo.
   e. cotista.

5) É sabido que o empresário pode explorar a atividade que escolher, individual ou coletivamente. Sobre o seu registro no órgão competente, é correto afirmar:
   a. Segundo o CC, o registro é obrigatório.
   b. O registro é sempre facultativo.
   c. A obrigatoriedade do registro depende do tipo de atividade.
   d. A lei é omissa quanto à obrigatoriedade do registro.
   e. O registro é obrigatório somente para as sociedades empresárias.

## Questões para reflexão

1) A sociedade empresária pode, se quiser, reorganizar-se, mudando até mesmo sua forma societária. O que leva o empresário a optar por uma mudança como essa?

2) Suponhamos que você decida se tornar empresário. Quais são os aspectos a serem analisados para saber se você precisa ou não de um sócio?

# III

## Conteúdos do capítulo:

» Teoria geral dos contratos.
» Contratos mercantis em espécie.
» Reorganizações societárias.

Os **contratos**, **pactos** ou **convenções** devem ser firmados conforme os parâmetros legais e, principalmente, por meio do mútuo consentimento. Cada uma das partes pode, assim, expor seu entendimento e suas razões, estipulando e discutindo cláusula por cláusula, para que todo o contrato fique de acordo com suas vontades. Desse modo, dentro do que recomenda a legislação, os contratos podem tudo – ou praticamente tudo.

Colhemos o entendimento do grande mestre Beviláqua (1934, p. 245), que já afirmava, muito tempo atrás, que **contrato** é o "acordo de vontades para o fim de adquirir, resguardar, modificar ou extinguir direitos".

O Código Civil (CC) dispõe sobre vários contratos, sendo que muitos deles são também utilizados pelo empresário. Para que possamos diferenciá-los dos contratos firmados entre aqueles que não exercem a atividade empresarial, deixaremos claro que o **contrato mercantil** é aquele realizado pelo empresário e que tem como objetivo viabilizar seus negócios, por meio do qual ele poderá contratar a compra, a venda, a prestação de serviços, entre outras contratações, conforme suas necessidades.

> *Segundo Beviláqua (1934, p. 245), o contrato é o "acordo de vontades para o fim de adquirir, resguardar, modificar ou extinguir direitos".*

Para que possamos compreender particularmente alguns tipos de contratos mercantis, é necessário conhecer o que a legislação determina como comum a todos eles. É desse tema que trataremos a seguir.

## 3.1 Teoria geral dos contratos

Um contrato nada mais é do que um **negócio jurídico**. Portanto, é algo que interessa ao direito, sendo necessário, então, determinar alguns requisitos obrigatórios para que tenha validade legal.

De imediato, trazemos como ajuda o que a Lei n. 10.406, de 10 de janeiro de 2002 (Brasil, 2002), que institui o CC, dispõe a esse respeito. Essa lei determina, em seu art. 104, o que considera obrigatório para que os negócios jurídicos tenham validade: "Art. 104. A validade do negócio jurídico requer: I – agente capaz; II – objeto lícito, possível, determinado ou determinável; III – forma prescrita ou não defesa em lei".

Temos, então, as **exigências legais** para que o contrato, como negócio jurídico que é, tenha **validade**.

Mas do que tratam tais exigências?

Em relação à necessidade de um agente que seja capaz, a lei se refere à **capacidade civil** ou, em outras palavras, à capacidade do contratante de assumir pessoalmente seus direitos e de contrair suas obrigações.

Será que todas as pessoas têm capacidade para contratar? Como estamos tratando de contratos mercantis, precisamos nos questionar, na verdade, se a capacidade civil equivale à capacidade empresarial.

A resposta é "não". Então, deveremos abordar, além da capacidade civil, também a capacidade empresarial, que veremos em seguida.

Quanto ao **objeto**, dizer que deve ser lícito significa afirmar que sua contratação deve ser permitida por lei, ao mesmo tempo que não deve atentar contra a ordem pública, contra a moral, nem contra os bons costumes. Não podemos, por exemplo, comprar e vender entorpecentes. O objeto deve ser também determinado – por exemplo, a contratação de serviços jurídicos.

A **determinação** do objeto pode ser conseguida por sua qualidade, sua quantidade ou seu gênero. É bem verdade que, às vezes, torna-se difícil estabelecer essa determinação de imediato, mas deve existir essa possibilidade, ou seja, o objeto deve ser determinável por qualquer uma de suas formas anteriormente citadas.

Por fim, a **forma** do contrato deve ser prevista em lei. Se não houver essa determinação legal, ao menos a lei não deve proibir a forma escolhida pelos contratantes, podendo, por conseguinte, ser até mesmo verbal, tendo a mesma validade.

### 3.1.1 Capacidade civil

O CC, em seu art. 1º, afirma que todas as pessoas são capazes de direitos e obrigações da esfera civil. Mas uma coisa é ter **capacidade de direitos e obrigações**, outra é exercê-los pessoalmente. Para garantir a integridade do patrimônio de determinadas pessoas, o mesmo códex legal, em seus arts. 3º e 4º, respectivamente, impõe as **incapacidades absoluta e relativa**.

Como **absolutamente incapaz**, encontramos somente o menor de 16 anos. Ele precisa que seu responsável legal pratique o ato civil em seu nome, representando-o.

Já como **relativamente incapaz**, que pode praticar o ato civil pessoalmente, desde que assistido por seu responsável legal, encontramos as seguintes situações:

> Art. 4º. [...]
> I – os maiores de dezesseis e menores de dezoito anos;
> II – os ébrios habituais e os viciados em tóxico;
> III – aqueles que, por causa transitória ou permanente, não puderem exprimir sua vontade;
> IV – os pródigos. (Brasil, 2002)

Para constatar se uma pessoa é ébria habitual ou viciada em tóxicos ou se não pode exprimir sua vontade transitória ou permanentemente, é necessário proceder a uma avaliação médica pericial. Os pródigos são aqueles que dilapidam seu patrimônio, que não conseguem ter equilíbrio em seus gastos e, dessa forma, comprometem todos os seus bens. A interdição desses incapazes, obrigatoriamente, acontece apenas mediante determinação judicial.

### 3.1.2 Capacidade empresarial

Para se ter **capacidade empresarial**, é preciso estar em pleno gozo da capacidade civil e não ter nenhum impedimento legal.

É possível, assim, encontrarmos alguma situação em que a pessoa tenha capacidade civil plena, mas tenha algum impedimento legal que impossibilite a prática de atividade econômica ou empresarial.

Destacamos alguns casos, como o dos funcionários públicos em geral, cuja restrição consta na Lei n. 8.112, de 11 de dezembro de 1990 (Brasil, 1991a), a qual dispõe sobre o regime jurídico dos servidores públicos civis da União. Essa lei serve, de maneira subsidiária, para os demais estatutos dos servidores públicos, pois, em seu art. 117, inciso X, prevê a proibição dos servidores públicos em "participar de gerência ou administração de sociedade privada, personificada ou não personificada, exercer o comércio, exceto na qualidade de acionista, cotista ou comanditário".

Da mesma forma – e em outros diplomas legais especiais – é possível encontrar impedimentos semelhantes, como aos militares, aos falidos, aos auxiliares do empresário (entre eles leiloeiros, corretores, despachantes aduaneiros), além de alguns outros.

Já podemos, agora, analisar alguns contratos mercantis.

## 3.2 Contrato de compra e venda mercantil

Cremos ser o contrato de compra e venda o mais comum dos contratos mercantis, pois sua contratação é quase diária, incluindo-se o contrato firmado verbalmente.

Nesse tipo de contrato, há dois pactuantes, ou dois sujeitos contratuais. Um deles é o **vendedor**, e a maior de suas obrigações é entregar o produto, transferindo-lhe o domínio ao adquirente, ou prestar o serviço, se este for o objeto do contrato. O outro contratante é o **comprador**, que tem como a maior de suas obrigações pagar o preço combinado.

É claro que outras tantas obrigações podem existir, dependendo do que tenha sido contratado e estipulado no contrato.

## 3.3 Contrato de alienação fiduciária em garantia

No contrato de alienação fiduciária, o empresário pode se encontrar tanto na posição de credor quanto de devedor. Isso ocorre porque, às vezes, ele precisa adquirir determinado bem para suprir sua necessidade empresarial e o faz parceladamente, deixando esse bem como garantia; em outros casos, ele pode ser credor de um bem vendido a prazo, em que o próprio bem tenha ficado como garantia do negócio realizado.

Esse contrato nada mais é do que um empréstimo de dinheiro para a aquisição de determinado bem móvel ou imóvel, em que o próprio bem adquirido fica como **garantia** do empréstimo. Também chamado de *mútuo financeiro*, é um contrato em que há dois sujeitos contratantes: o credor, denominado *fiduciário*, e o devedor, chamado de *fiduciante*.

Na maioria dos casos, o credor-fiduciário não é proprietário do bem, que é adquirido de terceiros, pagando-lhe o valor total. O proprietário transfere o domínio do bem ao devedor fiduciante e este, por sua vez, assume perante o credor fiduciário todas as obrigações do contrato, ficando o bem como garantia do negócio firmado até o término do contrato. Assim, tanto a posse direta quanto a propriedade do bem são do devedor, podendo ser tomadas pelo credor em caso de inadimplência contratual.

É importante salientar que esse tipo de contrato é daqueles para os quais a lei estipula determinados requisitos para que tenham validade, especialmente perante terceiros. O instrumento contratual deve ser registrado no órgão competente e, caso se trate de bens **imóveis**, sua averbação deverá ser feita às margens na matrícula correspondente, no cartório de registro de imóveis da circunscrição a que pertença o imóvel. Caso se trate de bens **móveis**, seu registro se dará no cartório de registro de títulos e documentos.

## 3.4 Contrato de arrendamento mercantil – *leasing*

Para algumas pessoas, o contrato de *leasing* é muito parecido com o contrato de alienação fiduciária, razão pela qual são confundidos. Isso ocorre, principalmente, porque ambos são possibilidades de se adquirir um bem parceladamente e porque, na maioria dos casos, está presente uma instituição financeira – porém, deixamos claro que se trata de contratos distintos.

Diferentemente da alienação fiduciária, o *leasing* é um **arrendamento**, uma **locação**, que dá a prerrogativa ao devedor arrendatário, como opção, de adquirir o bem do credor arrendador ao fim do contrato. Assim, as parcelas pagas a título de arrendamento serão amortizadas do valor total e final do bem.

A posse do bem é do arrendatário. No entanto, o domínio, ou seja, a propriedade, continua sendo do arrendador até o final do contrato.

Existem alguns tipos de *leasing*, entre eles o financeiro, o operacional e o *back*.

» ***Leasing* financeiro**: É o contrato mais utilizado no Brasil. Normalmente, o empresário precisa arrendar um bem e, encontrando-o, procura uma instituição financeira. Essa instituição adquire o bem em nome do empresário, pagando o preço total ao proprietário, e o arrenda a esse empresário, firmando com ele um contrato de *leasing*. Nesse tipo de *leasing*, frequentemente o valor residual garantido (VRG) financeiro é de pequena monta ou inexistente, não tendo o empresário arrendatário nada ou praticamente nada a desembolsar se optar pela compra do bem ao final do contrato, somente as despesas relacionadas à transferência do bem.

» ***Leasing* operacional**: Nesse contrato, o proprietário do bem é o próprio arrendador, pois é seu fabricante, e o arrenda diretamente ao arrendatário. O valor residual, normalmente, é muito elevado, pois uma das características desse tipo de contrato é que o valor das parcelas pagas a título de locação não poderá exceder a 90% do valor de mercado do bem, caso em que o VRG será expressivo. Outra característica é que o prazo do contrato poderá ser superior a 75% do prazo de vida útil econômica do bem. Essas são as determinações da Resolução do Conselho Monetário Nacional (CMN) n. 4.977, de 16 de dezembro de 2021 (Brasil, 2021d), do Banco Central do Brasil.

» **Leasing back**: A diferença entre esse contrato e o de *leasing* financeiro é que o bem a ser arrendado é de propriedade do empresário arrendatário, que o vende ao arrendador, firmando com ele o contrato de *leasing back*.

A partir de agora, você não poderá mais confundir o contrato de arrendamento mercantil com o de alienação fiduciária.

## 3.5 Contrato de franquia mercantil – *franchising*

O contrato de franquia mercantil – *franchising* é um contrato muito falado em nossos dias. É utilizado, principalmente, por aqueles que querem diminuir seus riscos, adquirindo parte de um negócio já existente.

É importante ressaltar que o termo *franchising* é de origem inglesa, sendo traduzido e adequado para o mercado brasileiro como *franquia comercial* ou *empresarial*.

Vejamos, inicialmente, o conceito previsto na Lei n. 13.966, de 26 de dezembro de 2019, que dispõe sobre o *franchising*:

> Art. 1º Esta Lei disciplina o sistema de franquia empresarial, pelo qual um franqueador autoriza por meio de contrato um franqueado a usar marcas e outros objetos de propriedade intelectual, sempre associados ao direito de produção ou distribuição exclusiva ou não exclusiva de produtos ou serviços e também ao direito de uso de métodos e sistemas de implantação e administração de negócio ou sistema operacional desenvolvido ou detido pelo franqueador, mediante remuneração direta ou indireta, sem caracterizar relação de consumo ou vínculo empregatício em relação ao franqueado ou a seus empregados, ainda que durante o período de treinamento. (Brasil, 2019b)

Fácil de entender, não é mesmo?

Nesse tipo de contrato, há dois sujeitos: o **franqueador**, que já possui um bom negócio, tendo pelo menos um de seus bens imateriais devidamente protegido por uma patente ou por um registro no Instituto Nacional da Propriedade Industrial (Inpi); o **franqueado**, que vai adquirir, mediante contrato, a possibilidade de trabalhar com esses bens do franqueador, da maneira que estipularem as cláusulas contratuais.

Já mencionamos que um dos requisitos de validade dos contratos é que tenham uma forma prescrita em lei ou que a forma escolhida pelos contratantes não seja proibida.

O contrato de franquia requer a forma escrita e, obrigatoriamente, a assinatura de duas testemunhas. Seu instrumento deve ser averbado às margens do registro ou da patente do bem do franqueador no Inpi.

Ressaltamos que esse tipo de contrato não gera vínculo empregatício entre os contratantes, muito menos entre os funcionários do franqueado e o franqueador.

## 3.6 Contrato de fomento mercantil – *factoring*

Talvez você já tenha ouvido falar do contrato de fomento mercantil em termos pejorativos, isto é, como "agiotagem legalizada", ou que se trata de desconto bancário ou de operações do gênero, não é mesmo?

Então, precisamos esclarecer, para que não paire qualquer dúvida, que se trata de um **contrato mercantil**. Não há nada de ilegal ou que mascare alguma ilegalidade, tampouco é um contrato bancário.

O *factoring* se diferencia dos demais contratos empresariais por ser **atípico**, não tendo ainda nenhuma legislação especial que o consolide, bem como por ser **misto**. Necessária e obrigatoriamente devem estar presentes duas operações, uma de compra e venda de direitos creditícios (ou creditórios) e outra de prestação de serviços.

Pelo seu nome, podemos deduzir que sua tarefa principal é a de, literalmente, fomentar, promover, incentivar o meio empresarial, no sentido de fornecer – principalmente às microempresas e às empresas de pequeno porte – as condições necessárias para que possam competir no mercado, racionalizando suas compras e consequentes custos, influindo diretamente em suas vendas.

Dessa forma, uma empresa fica autorizada a comprar de outras empresas seus créditos, ou seja, os direitos creditórios de suas vendas de produtos ou de serviços a prazo, devidamente representadas por títulos. Atrelada a essa atividade de compra e venda, obrigatoriamente, está a atividade de prestação de serviços, ou seja, a empresa que comprou os créditos deve prestar serviços ao mesmo cliente, os quais podem ser de análise de crédito, gestão financeira ou comercial, entre outros, sob pena de que, se assim não acontecer, fique descaracterizada a atividade de *factoring*.

Portanto, o cliente de uma empresa de *factoring* – faturizadora – só poderá ser outra empresa – faturizada –, que venda produtos ou serviços, não podendo ser, em hipótese alguma, uma pessoa física, sob pena de descaracterizar o contrato.

A compra dos títulos de crédito se assemelha ao desconto bancário, mas guarda suas peculiaridades no que concerne à cobrança de juros e ao direito de regresso. As instituições financeiras podem cobrar os juros que entendam, desde que sejam os de mercado, devidamente abalizados pelo Banco Central do Brasil. No contrato de fomento comercial, a faturizadora não pode cobrar juros além dos legais, que são de, no máximo, 1% ao mês.

O que, então, eles cobram?

Cobram o chamado *fator de compra*, que nada mais é do que um percentual calculado sobre o valor de face do título negociado, ou seja, não se trata de juros.

Em relação ao direito de regresso, quando um título não é pago pelo seu devedor, no contrato de desconto bancário, a instituição financeira simplesmente cobra de seu cliente. Contudo, no contrato de *factoring*, isso não acontece, pois a faturizadora assume totalmente o risco da inadimplência do devedor quando compra os direitos creditórios, podendo exercer o direito de regresso somente nos casos de vícios já existentes ou de alguma ilegalidade, quando o faturizado – seu cliente – deve reembolsá-lo.

## 3.7 Contrato de representação comercial

O contrato de representação comercial é mais um que dispõe de lei especial que o contempla. Trata-se da Lei n. 4.886, de 9 de dezembro de 1965 (Brasil, 1965). Nesse tipo de contrato, há as figuras do representado e do representante.

O **representado** é o empresário que possui o produto – ou o serviço – e o disponibiliza ao **representante**, para que este possa oferecê-lo tanto aos clientes já existentes quanto a pretensos clientes, mediando e intermediando seus negócios, ajustando e diligenciando pedidos e propostas, para posterior envio ao representado. O representante, que pode ser pessoa jurídica ou pessoa natural, tem a obrigação de se registrar em seu conselho de classe.

O contrato de representação comercial, por mais que possa exigir do representante uma atividade habitual, não gera vínculo empregatício. Isso, é claro, se não estiverem presentes e caracterizados os demais requisitos da relação de emprego, sendo eles a pessoalidade, a subordinação e a onerosidade.

De maneira geral, todos os contratos devem conter alguns requisitos que lhes são comuns, já examinados nesse texto. Assim, o contrato de representação comercial deve trazer, além daqueles requisitos, outros que lhe são peculiares:

- » **Prazo**: Pode ser determinado ou indeterminado.
- » **Zona de representação**: É a região em que o representante deve exercer a representação, com ou sem exclusividade, indicando, se for o caso, alguma restrição.
- » **Objeto**: Refere-se à indicação pormenorizada sobre o que será representado.
- » **Remuneração**: É o valor ou porcentagem a ser recebido pelo representante, bem como o momento e a forma de seu pagamento.
- » **Multa**: É a indenização a ser paga ao representante pelo representado nos casos de rescisão contratual sem justa causa, não podendo ser inferior a doze avos do total da remuneração recebida durante todo o tempo em que vigorou o contrato.
- » **Aviso Prévio**: De acordo com a previsão do art. 34 da Lei n. 4.886/1965, qualquer dos contratantes que denunciar ou rescindir o contrato **sem justo motivo,** quando este foi

firmado por prazo indeterminado e transcorreram, pelo menos, seis meses da contratação, terá de informar à outra parte antecipadamente, com antecedência mínima de 30 dias, sob pena de ter de pagar uma indenização no valor igual a um terço da soma da remuneração recebida pelo representante nos três meses anteriores à rescisão.

» **Condições gerais**: Deve haver cláusulas que estipulam as condições gerais da representação.

» **Direitos e obrigações mútuas**: A lei ainda exige que o representante comercial esteja devidamente registrado em sua entidade de classe, o Conselho Regional dos Representantes Comerciais (Core). Porém, caso o representante desempenhe suas funções sem o devido registro, isso não lhe retira o direito de receber as comissões; o que poderá acontecer é ter de responder perante sua entidade, até por exercício irregular da profissão.

Vimos alguns dos contratos que podem ser utilizados pelo empresário, dependendo de sua atividade econômica. Salientamos que outros contratos existem e também podem ser usados a critério do empresário ou de acordo com a necessidade da atividade empresarial.

## 3.8 Reorganizações societárias

O empresário se planeja, cria sua empresa e define seu objeto social, organizando-se e enquadrando-se no regime tributário relativo ao faturamento bruto anual. Em seguida, começa a explorar a atividade escolhida.

Posteriormente, ele entende que precisa reorganizar seus negócios, podendo fazer uso das reorganizações societárias, chamadas também de *transformações societárias*. Estas são utilizadas como verdadeiros planejamentos estratégicos, no sentido de melhorar o desempenho de sua empresa, determinando, não raramente, sua própria permanência no mercado.

As transformações societárias podem se dar em qualquer espécie de empresário ou de sociedade: um empresário individual pode se transformar em sociedade empresária (art. 968, parágrafo 3º, CC), ou uma sociedade empresária pode vir a se transformar em empresário individual, ou uma sociedade limitada pode passar a ser sociedade anônima e vice-versa. Ao mesmo tempo, podem ser utilizadas as reorganizações societárias previstas na Lei n. 6.404, de 15 de dezembro de 1976 (Brasil, 1976b), como a incorporação, a fusão e a cisão – mas, para isso, é preciso atender a determinados requisitos previstos na lei, como o protocolo e a justificação.

Para que o empresário possa se utilizar dessas transformações societárias, deve verificar alguns requisitos estabelecidos na Lei n. 6.404/1976, que são os procedimentos e os documentos necessários para a validação dos atos que deverão ser firmados ou ratificados pelos acionistas ou sócios das sociedades objetos da cisão, incorporação ou fusão. Vejamos os detalhes:

» **Protocolo**: Disposto no art. 224 da Lei das S/A, trata-se de um documento firmado pelos sócios ou pelos acionistas das sociedades que tiverem interesse na operação – ou por seus administradores, com poderes para tanto –, demonstrando sua vontade de ver realizado o negócio. Nesse documento devem constar todas as informações relevantes acerca da transformação, como o capital social das sociedades a serem criadas e a distribuição das novas ações.

» **Justificação**: É elaborada juntamente com o protocolo. As companhias devem aprovar a transformação em assembleia geral. É a disposição do art. 225 da Lei n. 6.404/1976, de acordo com o qual devem ser levados à apreciação todos os motivos que geraram a possibilidade de reorganização e as demais questões pertinentes, assim elencadas nos incisos do artigo citado:

> Art. 225. [...]
> I – os motivos ou fins da operação, e o interesse da companhia na sua realização;
> II – as ações que os acionistas preferenciais receberão e as razões para a modificação dos seus direitos, se prevista;
> III – a composição, após a operação, segundo espécies e classes das ações, do capital das companhias que deverão emitir ações em substituição às que se deverão extinguir;
> IV – o valor de reembolso das ações a que terão direito os acionistas dissidentes. (Brasil, 1976b)

Após aprovar a transformação em assembleia, já está tudo certo? Não. Ainda faltam mais alguns detalhes.

Segundo o art. 226 do mesmo diploma legal, é necessária uma análise técnica a respeito do patrimônio das companhias, para que peritos especialmente convocados possam determinar que os patrimônios líquidos a serem lançados para a formação do novo capital social sejam, no mínimo, igual à soma do capital a realizar. As companhias ainda precisam de certidões negativas e de outros documentos para que consigam iniciar o processo de transformação societária.

*Além da transformação de um tipo de sociedade em outro, a sociedade pode sofrer outras alterações, como prevê a lei, mediante incorporação, fusão ou cisão de sociedades.*

Tudo isso demonstra que o estudo e o planejamento devem ser extremamente cuidadosos e meticulosos, para que possam ser utilizados com eficiência e eficácia, trazendo às partes envolvidas o resultado esperado.

Além da transformação de um tipo de sociedade em outro, a sociedade pode sofrer outras alterações, como prevê a lei, mediante **incorporação**, **fusão** ou **cisão** de sociedades, o que veremos nas próximas seções.

### 3.8.1 Incorporação

De acordo com o art. 227 da Lei das S/A, "a incorporação é a operação pela qual uma ou mais sociedades são absorvidas por outra, que lhes sucede em todos os direitos e obrigações" (Brasil, 1976b). Dessa forma, uma companhia, chamada de *incorporadora*, anexa e agrupa outra ou outras, chamadas de *incorporadas*, assumindo seus direitos e deveres. O patrimônio da incorporada certamente se elevará e, por conseguinte, aumentará seu capital social.

Trazemos o entendimento do saudoso mestre Fran Martins (2019, p. 328) que consta em sua obra *Curso de direito comercial*, atualizada e revisada por Carlos Henrique Abrão: "Neste caso desaparecerá uma das sociedades, a incorporada permanecendo, porém, com a sua pessoa jurídica inalterada à sociedade incorporadora. Esta sucederá à sociedade incorporada em todos os seus direitos e obrigações".

Assim, as companhias incorporadas desaparecem do mundo jurídico, ficando somente a incorporadora. Foi o que aconteceu com a Nossa Caixa ao ser incorporada pelo Banco do Brasil, por exemplo.

### 3.8.2 Fusão

A fusão é o modelo de reorganização societária em que duas ou mais sociedades se agrupam e se fusionam para constituir uma nova sociedade que as sucederá em direitos e obrigações. O objeto social na nova sociedade não precisará estar vinculado ao das sociedades originárias. Porém, derivará automaticamente das atividades anteriores, em virtude de suas especializações (Verçosa, 2014).

As empresas originárias ou fusionadas são extintas, assumindo seus patrimônios a nova sociedade que aparece para o mundo jurídico. Um exemplo de fusão no mercado nacional foi a criação da instituiçao financeira Itaú Unibanco Holding S/A, pela junção dos bancos Itaú e Unibanco.

### 3.8.3 Cisão

Prevista no art. 229 da Lei n. 6.404/1976, a cisão é a transformação em que uma sociedade – normalmente, mas não obrigatoriamente de grande porte – cinde-se, fragmenta-se em outra ou em outras sociedades, transferindo-lhes seu patrimônio.

Explicam Bertoldi e Ribeiro (2022, p. 335) que

> *Ocorre a cisão com a transferência de parcela ou do total do patrimônio da companhia para uma ou mais sociedades já existentes ou constituídas para este fim. A cisão poderá ser parcial ou total. Será parcial quando ocorrer apenas parte do patrimônio da sociedade cindida, com a consequente redução de seu capital social na proporção do patrimônio transferido. Será total, no entanto, se todo o patrimônio da sociedade cindida for transferido para outras sociedades, acarretando a sua extinção [...].*

Portanto, sendo a cisão **total**, a companhia cindida desaparece do mundo jurídico. Assim, as novas sociedades assumem seus direitos e suas obrigações na medida em que os receberam na operação de transformação.

A cisão é comumente utilizada como planejamento tributário, situação na qual uma grande empresa não consegue desenquadrar-se de seu regime de tributação, chamado *lucro real*, em virtude de seu alto faturamento. Aquilo que já não é interessante para ela cinde-se para que as novas sociedades possam se aproveitar de outros regimes tributários, mais eficientes e menos onerosos.

## Síntese

Neste capítulo, examinamos alguns dos contratos mercantis mais importantes dos quais o empresário pode fazer uso em atividade econômica, iniciando pela teoria geral dos contratos, com a abordagem dos requisitos necessários para o negócio jurídico. Posteriormente, centramos nosso estudo nas reorganizações ou transformações societárias – a incorporação, a fusão e a cisão.

## Questões para revisão

1) Várias são as características dos contratos, entre elas a irretratabilidade. O que você entende por *irretratabilidade nos contratos mercantis*?

2) Entre os vários contratos estudados nesta obra está o de alienação fiduciária em garantia. Explique esse tipo de contrato.

3) O contrato é um negócio jurídico e, como tal, existem alguns requisitos para que seja válido. Segundo o CC, para que o negócio jurídico seja válido, é preciso ter:
   a. agente capaz e objeto lícito.
   b. objeto impossível e forma prescrita.
   c. somente forma prescrita em lei.
   d. forma não defesa em lei e objeto predeterminado.
   e. somente objeto lícito.

4) O contrato de fomento comercial, conhecido como *factoring*, é um contrato atípico que deve, obrigatoriamente, contemplar duas atividades:
   a. a franquia e a compra e venda.
   b. a compra e venda e a prestação de serviços.
   c. a prestação de serviços e o empréstimo de dinheiro.
   d. o desconto bancário e a compra e venda.
   e. a prestação de serviços e a representação comercial.

5) O contrato de franquia mercantil, conhecido como *franchising*, é o sistema pelo qual um franqueador cede ao franqueado o direito de uso de marca ou patente, e seu instrumento deve ser:
   a. sempre escrito, assinado perante duas testemunhas e averbado perante o Inpi.
   b. sempre escrito, assinado somente pelas partes e averbado perante o Inpi.
   c. sempre escrito, assinado perante duas testemunhas e averbado perante o Cartório de Registro de Imóveis.
   d. escrito sempre que possível, assinado somente pelas partes e averbado perante o Inpi.
   e. escrito sempre que possível, assinado somente pelas partes e averbado perante o Cartório de Registro de Imóveis.

# Questões para reflexão

1) Os contratos mercantis deveriam ter legislação própria?
2) As reorganizações societárias deveriam sofrer controle mais efetivo pelo Estado?

## Para saber mais

É sempre importante estudar o direito com base em mais de em autor. Assim, recomendamos as obras a seguir para a complementação dos estudos da primeira parte desta obra.

FARIAS, C.C. de; ROSENVALD, N. **Direito das obrigações.** 16. ed. Salvador: JusPodivm, 2022.

NEGRÃO, R. **Manual de direito comercial e de empresa**: teoria geral da empresa e direito societário. 18. ed. São Paulo: Saraiva, 2022. v. 1.

VENOSA, S. de S. **Direito civil**: obrigações e responsabilidade civil. 12. ed. São Paulo: Atlas, 2021. v. 2.

## Consultando a legislação

Se você quiser se aprofundar nos conhecimentos acerca dos institutos estudados nesta primeira parte do livro, sugerimos a consulta da legislação indicada a seguir.

BRASIL. Constituição (1988). **Diário Oficial da União**, Brasília, DF, 5 out. 1988. Disponível em: <http://www.planalto.gov.br/ccivil_03/Constituicao/Constituicao.htm>. Acesso em: 28 set. 2022.

BRASIL. Decreto n. 1.800, de 30 de janeiro de 1996. **Diário Oficial da União**, Poder Executivo, Brasília, DF, 31 jan. 1996. Disponível em: <http://www.planalto.gov.br/ccivil_03/decreto/D1800.htm>. Acesso em: 28 set. 2022.

BRASIL. Lei Complementar n. 123, de 14 de dezembro de 2006. **Diário Oficial da União**, Poder Legislativo, Brasília, DF, 15 dez. 2006. Disponível em: <http://www.planalto.gov.br/ccivil_03/leis/lcp/lcp123.htm>. Acesso em: 28 set. 2022.

BRASIL. Lei n. 10.406, de 10 de janeiro de 2002. **Diário Oficial da União**, Poder Legislativo, Brasília, DF, 11 jan. 2002. Disponível em: <http://www.planalto.gov.br/ccivil_03/leis/2002/l10406.htm>. Acesso em: 28 set. 2022.

BRASIL. Lei n. 11.101, de 9 de fevereiro de 2005. **Diário Oficial da União**, Poder Legislativo, Brasília, DF, 9 fev. 2005. Disponível em: <http://www.planalto.gov.br/ccivil_03/_ato2004-2006/2005/lei/l11101.htm>. Acesso em: 28 set. 2022.

# Parte 2 – Direito do consumidor

# IV

# Conceitos e direitos básicos

Conteúdos do capítulo:

» Conceitos de consumidor e de fornecedor.
» Conceitos de produto e de serviço.
» Direitos básicos do consumidor.

Sabemos que o direito é um conjunto de normas que formam uma ordem jurídica, postas e dispostas para regular as relações sociais. É certo também que, para equilibrar essas relações sociais, no mais das vezes as normas jurídicas contemplam mais direitos a determinada pessoa em detrimento de outra. Assim é, por exemplo, com o direito do trabalho, no qual encontramos na legislação muito mais garantias jurídicas ao empregado.

Se você pesquisar, encontrará essa preocupação como uma constante. Isso ocorre justamente porque toda e qualquer relação jurídica deve ser equilibrada – desde seu início, durante toda a sua vigência e até seu final –, por mais que os sujeitos da relação possam ser desequilibrados entre si, econômica, financeira ou tecnicamente.

No que concerne à relação de consumo, que também é uma relação jurídica, não é diferente.

Nessa relação, o desequilíbrio entre as partes, que são o **fornecedor** e o **consumidor**, é – ou poderia ser – tão grande que seu ajuste direto e consensual se tornou praticamente impossível. O Estado foi obrigado a intervir, criando uma legislação especial, além de todo o ordenamento jurídico já existente, incluindo-se nossa Carta Magna, para proteger a parte mais frágil dessa relação. Esse diploma legal especial é a Lei n. 8.078, de 11 de setembro de 1990, o **Código de Defesa do Consumidor** – CDC (Brasil, 1990a).

Assim, a proposta que fazemos para esta parte de nossos estudos é trabalhar com os dispositivos do CDC, trazendo, quando necessário, as disposições de outros diplomas legais relativas à mesma matéria. O objetivo é que você possa, primeiro, entender e, depois, exigir seus direitos, pois diariamente somos consumidores e, muitas vezes, somos prejudicados pelo fornecedor e não exigimos nossos direitos, porque com frequência não os conhecemos.

## 4.1 Dos conceitos

No início de suas disposições, o CDC trata de deixar claro, especialmente nos arts. 2º e 3º, o que entende por *consumidor*, por *fornecedor*, por *produto* e por *serviço*. É importante saber quem pode ser caracterizado como consumidor e como fornecedor, até mesmo para que se determine se existe – ou não – a relação de consumo necessária para que o consumidor possa exigir seus direitos.

Na relação de consumo, o fornecedor pode ser de produto ou de serviço. Porém, o que pode ser considerado **produto**? E qualquer serviço prestado se encaixa nessa relação?

Por tudo isso, é salutar iniciar pelo exame desses conceitos.

### 4.1.1 Conceito de consumidor

Inicialmente é possível entender que todas as pessoas, naturais ou jurídicas, podem ser **consumidoras**, ou melhor, podem estar inseridas no conceito de consumidor disposto no art. 2º do CDC?

Em um primeiro momento, parece que sim. Vamos examinar essa questão.

A definição de *consumidor* apresentada nesse artigo é esta: "Consumidor é toda pessoa física ou jurídica que adquire ou utiliza produto ou serviço como destinatário final" (Brasil, 1990a).

Realmente, em uma primeira análise, isso reforça nossa resposta de que qualquer pessoa pode estar inserida no conceito de consumidor ora exposto, basta que ela adquira ou utilize produto ou serviço. Porém, o exame desse conceito deve ser feito até o final, pois a pessoa somente se caracterizará como consumidora se for destinatária final do produto ou do serviço.

De imediato, e sob a nossa ótica, já cabe um esclarecimento.

O produto e o serviço – mas, principalmente, o produto – saem, literalmente, de um lugar chamado *produção*. Ou seja, saem das mãos do produtor e podem passar de mãos em mãos, ou por vários destinos, pelos atacadistas, pelos varejistas, até chegar ao seu destino final, que é o consumidor. Dessa forma, o consumidor é o único destinatário final do produto ou do serviço, não existindo a nosso ver, portanto, o "consumidor final".

Chegando ao destino final, o produto não pode mais ser revendido, tampouco pode ser transformado em outros produtos para a revenda. Deve ser utilizado para uso próprio pelo consumidor, que é o destinatário final.

Assim é o entendimento de Marques (2019, p. 307):

> *A definição do art. 2º (CDC) deve ser interpretada o mais extensamente possível, segundo esta corrente, para que as normas do CDC possam ser aplicadas a um número*

*cada vez maior de relações no mercado. Consideram que a definição do art. 2º é puramente objetiva, não importando se a pessoa física ou jurídica tem ou não fim de lucro quando adquire um produto ou utiliza um serviço. Destinatário final seria o destinatário fático do produto, aquele que retira do mercado e o utiliza, o consome, por exemplo, a fábrica de toalhas que compra algodão para transformar, a fábrica de celulose que compra carros para o transporte de visitantes, o advogado que compra uma máquina de escrever para seu escritório, ou mesmo o Estado quando adquire canetas para uso nas repartições e, é claro, a dona de casa que adquire produtos alimentícios para a família.*

Vemos, claramente, a caracterização de consumidor na **pessoa física**. Mas causa certa dúvida ou dificuldade de entender seu conceito quando o consumidor é **pessoa jurídica**, pois, normalmente, a pessoa jurídica é o fornecedor.

É isso mesmo. Quase sempre a pessoa jurídica está na posição de fornecedor, mas pode ser consumidor também, independentemente de sua atividade ser econômica ou não, desde que adquira ou utilize o produto ou o serviço como destinatário final. É o caso da compra de materiais de expediente, de materiais e serviços de limpeza, entre outros, desde que sejam para uso próprio.

E um grupo de pessoas, será que também pode ser considerado consumidor?

O mesmo art. 2º do CDC, em seu parágrafo único, preocupou-se com essa situação, equiparando a consumidor uma coletividade de pessoas, mesmo que não seja possível determiná-las, desde que tenham participado da mesma relação de consumo. Bons exemplos podem ser encontrados na participação de um grupo de pessoas em determinado evento – seja festivo, como um casamento ou um aniversário, seja de entretenimento, como um *show*, uma peça teatral ou um filme – em que esse grupo venha a ser prejudicado ou sofra qualquer dano advindo de produtos ou serviços oferecidos pelo fornecedor.

Reforça esse entendimento o art. 17 do CDC, informando que são consumidores todas as **vítimas** do evento. Tendo sofrido um dano dessa natureza, sua defesa poderá ocorrer em conjunto, por meio de uma ação civil pública, que veremos em outro tópico.

### 4.1.2 Conceito de fornecedor

Fazemos aqui a mesma pergunta de antes: é possível entender que todas as pessoas, naturais ou jurídicas, podem ser **fornecedores**, ou melhor, podem estar inseridas no conceito de fornecedor trazido pelo art. 3º do CDC?

Será que fornecedor é somente quem nos vende o produto ou o serviço?

O art. 3º do CDC assim determina:

> Art. 3º Fornecedor é toda pessoa física ou jurídica, pública ou privada, nacional ou estrangeira, bem como os entes despersonalizados, que desenvolvem atividade de produção, montagem, criação, construção, transformação, importação, exportação, distribuição ou comercialização de produtos ou prestação de serviços. (Brasil, 1990a)

Você diria, por esse conceito, que todo mundo pode ser fornecedor, certo?

Pensamos da mesma forma. Todos aqueles que estiverem envolvidos na relação de consumo, direta ou indiretamente, serão considerados fornecedores, sendo que cada qual vai responder conforme as responsabilidades que lhe caibam e que lhe são atribuídas pela lei.

Carvalho (2012, p. 32) nos ensina que

> *Essas atividades, assim indicadas no Código, são: produção (atividade que conduz ao produto qualquer bem móvel ou imóvel, material ou imaterial); montagem (a combinação de peças que, no conjunto, vão formar o produto); criação (desenvolvimento da atividade espiritual ou física do homem que constitui novidade); construção (com ou sem criatividade); transformação (mudança ou alteração de estrutura ou forma de produto já existente em outro); importação e exportação (aquisição de produtos do exterior e venda de produtos para o exterior); distribuição (ato de concretizar a* traditio da res*); comercialização (prática habitual de atos de comercial); prestação de serviços (aquele que presta serviços a outras entidades).*

Realmente, não sobram dúvidas sobre as possíveis atividades que o fornecedor pode explorar.

### 4.1.3 Conceitos de produto e de serviço

Ainda no campo conceitual e no mesmo art. 3°, o CDC determina, em seus parágrafos 1° e 2°, o que entende por **produto** e por **serviço**, respectivamente:

> Art. 3° [...]
> § 1° Produto é qualquer bem, móvel ou imóvel, material ou imaterial.
> § 2° Serviço é qualquer atividade fornecida no mercado de consumo, mediante remuneração, inclusive as de natureza bancária, financeira, de crédito e securitária, salvo as decorrentes das relações de caráter trabalhista (Brasil, 1990a).

Portanto, podemos entender *por produto* todo e qualquer bem que possamos adquirir ou utilizar para uso próprio e por *serviço* toda atividade que esteja disponível no mercado e que possamos comprar, excetuando-se as da relação de emprego, existente entre o empregado e o empregador.

Carvalho (2012, p. 34) comenta: "Trata-se, pois, de atividade laborativa, ofertada no mercado de consumo, mediante remuneração. A regra em comento excepciona, dentre as atividades remuneradas, apenas a de natureza trabalhista".

> *Podemos entender por* produto *todo e qualquer bem que possamos adquirir ou utilizar para uso próprio e por* serviço *toda atividade que esteja disponível no mercado e que possamos comprar, excetuando-se, as da relação de emprego.*

Com base no entendimento dos conceitos básicos trazidos pelo CDC, podemos continuar com o estudo dos demais institutos consumeristas.

## 4.2 Dos direitos do consumidor

O CDC, já em seu primeiro título, trata dos direitos do consumidor. Lá são definidos alguns pontos, como a política nacional de relações de consumo e os direitos básicos do consumidor.

Cada uma dessas posições adotadas pelo CDC será examinada nesta seção, na qual também incluímos os princípios consumeristas. Nosso objetivo é que você possa conhecer de imediato – e principalmente como consumidor – quais são os alicerces de seus direitos.

### 4.2.1 Política Nacional de Relações de Consumo

Reserva o CDC um capítulo inteiro para explicitar a Política Nacional de Relações de Consumo, no sentido de traçar os caminhos a serem seguidos, especialmente pelo Estado, para que os direitos do consumidor possam ser garantidos em todo o país. O respaldo está na disposição constitucional do art. 5º, inciso XXXII: "o Estado promoverá, na forma da lei, a defesa do consumidor" (Brasil, 1988).

O CDC também informa, em seu art. 4º, que a Política Nacional de Relações de Consumo tem como objetivos: "o atendimento das necessidades dos consumidores, o respeito à sua dignidade, saúde e segurança, a proteção de seus interesses econômicos, a melhoria da sua qualidade de vida, bem como a transparência e a harmonia das relações de consumo" (Brasil, 1990a), baseando-se em princípios específicos, que serão abordados na sequência.

Entre os mecanismos ou instrumentos dos quais o CDC garante que o Estado fará uso para a efetivação das proteções ao consumidor em todo o território nacional, alguns são possíveis de se verificar em algumas regiões. Outros, porém, infelizmente ainda não, talvez em virtude do tamanho gigantesco de nosso país e da falta de estrutura do Estado como um todo.

Entre esses instrumentos estão a **manutenção de assistência jurídica**, integral e gratuita, para o consumidor carente; a **criação de promotorias** de justiça especializadas na defesa do consumidor; a instituição de **delegacias de polícia especializadas** no atendimento de consumidores vítimas de infrações penais de consumo; a **criação** – no âmbito do Poder Judiciário – **de juizados especiais e de varas especializadas** que possam atender os conflitos ligados à relação de consumo.

Não podemos também nos esquecer do compromisso – alçado ao *status* de princípio pela Política Nacional de Relações de Consumo –, de incentivar a criação de meios eficientes de controle de qualidade e de segurança de produtos e serviço pelos fornecedores.

Veremos, aqui, os princípios norteadores dessa política, explicitados nos incisos do art. 4º do CDC. No entanto, deixamos claro que outros princípios, implícitos ou explícitos, constam no diploma consumerista e são tratados em distintos momentos de nosso trabalho, bem como por outros autores. Além disso, os princípios gerais do direito devem também ser aplicados na relação de consumo.

## Princípios consumeristas

Fazem parte da Política Nacional de Relações de Consumo alguns princípios particulares dessa relação entre o consumidor e o fornecedor. Esses princípios mostram o caminho a ser trilhado por ambos, determinando seus direitos e deveres.

Passemos ao estudo de alguns desses princípios consumeristas.

## Princípio da vulnerabilidade

O princípio reconhece a vulnerabilidade do consumidor na relação de consumo, por ser a parte mais frágil dessa relação em vários aspectos, se não em todos, que o envolvem com o fornecedor. A expressão *vulnerabilidade* deve ser vista em sentido amplo, pois o consumidor não sabe como o produto é produzido ou como o serviço será prestado, não detém nem conhece os instrumentos jurídicos condizentes com a relação firmada com o fornecedor e, normalmente, tem uma condição financeira muito aquém da condição do fornecedor.

Portanto, o conceito de vulnerabilidade é **genérico**, pois inclui o desequilíbrio técnico, jurídico e econômico, principalmente em relação ao consumidor pessoa física. É assim que entendem Marques, Benjamin e Miragem (2021, p. 228):

> *Na vulnerabilidade técnica, o comprador não possui conhecimentos específicos sobre o objeto que está adquirindo e, portanto, é mais facilmente enganado quanto às características do bem ou quanto à sua utilidade, o mesmo ocorrendo em matéria de serviços [...].*

*A vulnerabilidade fática é aquela desproporção fática de forças, intelectuais e econômicas, que caracteriza a relação de consumo.*

*Já a vulnerabilidade jurídica ou científica foi identificada e protegida pela corte suprema alemã, nos contratos de empréstimos bancários e financiamento, afirmando que o consumidor não teria suficiente experiência ou conhecimento econômico, nem a possibilidade de recorrer a um especialista. É a falta de conhecimentos jurídicos específicos, conhecimentos de contabilidade ou de economia. Esta vulnerabilidade, no sistema do CDC, é presumida para o consumidor não profissional e para o consumidor pessoa física.*

Combater a vulnerabilidade ou criar normas para que ela seja, pelo menos, compensada é dever do Estado, para que a relação de consumo, sob todos os aspectos, permaneça sempre equilibrada, combatendo todas as desigualdades.

### Princípio do dever governamental

Sobre o princípio do dever governamental, a Política Nacional de Relações de Consumo assegura que o Poder Público vai proteger o consumidor de várias maneiras, seja por iniciativa direta, seja gerando incentivos de criação e de desenvolvimento das entidades de classe, seja garantindo aos produtos e serviços padrões adequados de **qualidade, segurança, durabilidade e desempenho**, mesmo que tenha de interferir no mercado de consumo.

Também deixa claro que o Estado vai coibir e repreender, de maneira contundente, todas as práticas abusivas no mercado de consumo, incluindo-se aí a concorrência desleal e a utilização de propriedades industriais sem a devida autorização de seus detentores, o que, certamente, pode causar danos não só ao consumidor como também aos demais fornecedores.

Mas o Estado pode, da mesma forma, estar na condição de fornecedor de serviços. Nesse particular, também deve estar atento à necessidade de prestá-los de maneira eficiente, sempre procurando melhorá-los e racionalizá-los.

■ Princípio da boa-fé
Cremos que o princípio da boa-fé é inerente a todas as relações humanas e nelas está implícito. Particularmente nas relações de consumo, o CDC apresenta esse princípio em vários momentos, mas resolveu explicitá-lo de imediato ao instituir a Política Nacional de Relações de Consumo, e assim o fez, no inciso III do art. 4º.

A **boa-fé**, no ensinamento de Silvio Rodrigues (2002, p. 60), é "um conceito ético, moldado nas ideias de proceder com correção, com dignidade, pautando sua atitude pelos princípios da honestidade, da boa intenção e no propósito de a ninguém prejudicar".

Entendemos que o conceito de *boa-fé* deva ser compreendido, genericamente, como a boa vontade dos sujeitos da relação em fazer tudo para que está possa ser a mais saudável e profícua possível, com boas intenções, honradez, ética e respeito. Deve-se zelar para que seu contrato, qual seja a sua forma, esteja equilibrado em todos os momentos.

■ Princípio da informação
A Política Nacional de Relações de Consumo garante e insere como princípio a educação e a informação – tanto a fornecedores quanto a consumidores – acerca de seus direitos e deveres, para que as relações possam sempre ser melhoradas. A **informação**, sob a ótica do direito do consumidor, é **dever do fornecedor e direito do consumidor**.

Mas não é qualquer informação: é aquela capaz de fazer o consumidor entender, de maneira clara e transparente, tudo aquilo que está relacionado ao negócio que está fazendo ou que poderá fazer. Ela pode, primeiramente, advir da publicidade que o fornecedor faz para tentar atrair o cliente, para que este possa analisar com toda a tranquilidade e optar por comprar ou não o produto ou serviço oferecido. A **informação precisa** quanto às **características** do produto ou do serviço e relativa ao **preço**, à **quantidade** e à **qualidade** está entre as obrigatoriedades de aplicação do princípio em tela.

Todas as normas explicitadas no CDC têm como base, como alicerce, genericamente, os princípios gerais do direito, os direitos e garantias fundamentais, inerentes a todo e qualquer cidadão, especificados na Constituição Federal de 1988 (Brasil, 1988), e, particularmente, os direitos básicos do consumidor, por ele definidos em seu art. 6º. A Política Nacional de Relações de Consumo deve ser pensada analisando-se amplamente todas essas disposições, incluindo-se ainda o Sistema Nacional de Defesa do Consumidor (SNDC), previsto nos arts. 105 e 106 do CDC.

> *A informação, sob a ótica do direito do consumidor, é dever do fornecedor e direito do consumidor.*

Cada um dos incisos do art. 6º guarda suas particularidades em relação aos direitos do consumidor, às vezes um completando o outro, como, aliás, comporta-se todo o CDC em suas disposições. Por exemplo, a afronta a um direito básico do consumidor pode gerar ao fornecedor o dever de indenização, ao mesmo tempo que poderá ser considerada como prática criminosa.

Vejamos, a seguir, mais detalhes sobre esse tema.

## 4.3 Direitos básicos do consumidor

Já mencionamos que o CDC inicia suas determinações pelo título "Dos Direitos do Consumidor", mas, sem nenhuma redundância, prescreve um capítulo exclusivo aos direitos básicos do consumidor. Assim foi feito para que não sobre qualquer dúvida quanto a esses direitos.

Para esclarecermos o que determina esse título, analisaremos cada um dos incisos do art. 6º do CDC na sequência.

### 4.3.1 Proteção contra fornecimentos perigosos

> I – a proteção da vida, saúde e segurança contra os riscos provocados por práticas no fornecimento de produtos e serviços considerados perigosos ou nocivos; (Brasil, 1990a)

Se algum produto ou serviço que venha a ser adquirido ou utilizado pelo consumidor puder trazer perigo ou ser nocivo à sua saúde, à sua segurança ou até à sua vida, a legislação lhe garante que não seja exposto a quaisquer perigos ou riscos advindos do fornecimento desse tipo de produto e serviço, principalmente em virtude de práticas desaprováveis.

Se for do conhecimento do fornecedor que o produto ou serviço é altamente **nocivo** ou **perigoso** à saúde ou à segurança, sua colocação no mercado de consumo está **proibida**. Se o produto ou serviço for colocado no mercado de consumo e, apenas posteriormente, o fornecedor vier a saber de sua periculosidade, deverá informar o fato a todos os interessados, inclusive as autoridades competentes e os consumidores, por meio de robusta publicidade em todos os meios de comunicação possíveis e existentes. Esta também é tarefa do Estado: alertar a população assim que tiver conhecimento da periculosidade.

Observe que o direito à vida, à saúde e à segurança são direitos fundamentais, garantidos pela Constituição Federal de 1998. Contudo, suas proteções particularizadas na relação de consumo são de vital importância, especialmente em virtude de riscos que possam surgir das práticas não recomendáveis no fornecimento de produtos e serviços nocivos e perigosos.

Pense, por exemplo, nos produtos ou serviços que podem trazer perigo em virtude de sua má utilização ou má prestação, como os medicamentos de maneira geral e o abastecimento de combustível que fazemos no veículo automotor nos postos de combustíveis, este, em alguns casos, efetuado sem a mínima cautela pelo prestador do serviço.

O que dizer daqueles que, por si sós, podem causar danos à saúde, à segurança ou à própria vida do consumidor, como o uso direto pelo consumidor de agrotóxicos na lavoura e a contratação de serviços de dedetização em residências? Se tais serviços são realizados sem as prevenções e as precauções devidas, a responsabilidade do fornecedor aumenta mais ainda.

Assim, o consumidor tem como direito básico receber informação detalhada e clara sobre os possíveis riscos que o produto ou serviço possa causar, sendo o fornecedor obrigado a tomar outras medidas dependendo de cada caso. Não havendo como utilizar tal produto ou serviço em virtude de vício ou de defeito, pois certamente o dano será causado, o produto deve ser retirado do mercado e o serviço não deve ser prestado.

## 4.3.2 Possibilidade de consumo adequado

> II – a educação e divulgação sobre o consumo adequado dos produtos e serviços, asseguradas a liberdade de escolha e a igualdade nas contratações; (Brasil, 1990a)

Nesse particular, o direito do consumidor é em relação à **informação precisa** sobre o modo adequado de utilização do produto e sobre a maneira como o serviço será prestado.

Não é um complemento do inciso anterior?

Sim. Como já afirmamos, por mais que os dispositivos guardem suas peculiaridades, demonstram uma íntima ligação entre si.

Se pensarmos na **educação**, podemos lembrar, pois isso nos remete à Política Nacional de Relações de Consumo, que é tarefa dada ao Estado educar e informar consumidores e fornecedores quanto aos seus direitos e deveres desde as salas de aula do ensino fundamental. Assim, o Estado tem o dever de fazer com que as instituições de ensino, públicas e privadas, tenham disciplinas específicas sobre o tema em suas grades escolares e que estudem o direito do consumidor, até mesmo porque a criança e o adolescente já são, desde tenra idade, robustos consumidores, dentro e fora da escola, necessitando conhecer seus direitos.

Já em relação ao fornecedor, sua obrigação é a de informar detalhadamente o consumidor, nos meios de comunicação possíveis, sobre o uso adequado do produto ou do serviço, ou seja, instruir como deve ser utilizado, para que não exista qualquer prejuízo, dando-lhe o livre arbítrio ou a liberdade de escolha na aquisição de um ou outro produto ou serviço.

O final do inciso em questão traz também outros dois direitos fundamentais previstos na Constituição: a **liberdade** e a **igualdade**. Estas devem ser aqui analisadas no sentido de que, tendo sido o consumidor educado e informado sobre o consumo adequado dos produtos e dos serviços, tem a livre opção de escolha entre aqueles oferecidos no mercado. Ele pode eleger aquele lhe seja mais conveniente ou optar por nenhum deles, ao mesmo tempo que todos os consumidores, independentemente de sua condição, devem ser tratados da mesma forma, aplicando-se a máxima aristotélica de tratar os iguais de maneira igual e os desiguais de maneira desigual, mas na medida de suas desigualdades, dispensando-se tratamento diferenciado a quem precise, como os portadores de deficiência física ou mental, gestantes e idosos.

### 4.3.3 Fornecimento de informação adequada e clara

> III – a informação adequada e clara sobre os diferentes produtos e serviços, com especificação correta de quantidade, características, composição, qualidade, tributos incidentes e preço, bem como sobre os riscos que apresentem; (Brasil, 1990a)

Nesse inciso, o direito é também de **informação**, mas ligado a outros detalhes, como **qualidade, quantidade, características, tributação incidente** e **preço**, extensiva a todas as pessoas, sem qualquer discriminação, através de meios que permitam perfeita compreensão de suas mensagens.

A importância desse tipo de informação nos parece evidente, pois o consumidor deve **saber exatamente o que está comprando**, seja produto, seja serviço. Principalmente, pode verificar se o que está sendo informado realmente condiz com aquilo que está sendo adquirido.

Como inserção posterior na redação original desse inciso, deve saber o consumidor – e com precisão – o valor dos tributos que incidem no que está comprando e que fazem parte do preço total, até para que possa compará-lo a outros produtos ou serviços e escolher o que mais lhe aprouver. Assim determina a Lei n. 12.741, de 8 de dezembro de 2012, já em seu art. 1º:

> Art. 1º Emitidos por ocasião da venda ao consumidor de mercadorias e serviços, em todo território nacional, deverá constar, dos documentos fiscais ou equivalentes, a informação do valor aproximado correspondente à totalidade dos tributos federais, estaduais e municipais, cuja incidência influi na formação dos respectivos preços de venda. (Brasil, 2012)

Não são raros os casos em que se compra "gato por lebre", não é mesmo?

Certamente, você já passou por alguma situação parecida, como ter comprado certa quantidade de um produto, pois assim constava na embalagem, e ter verificado depois que a quantidade era menor. O que você fez? Reclamou? Conformou-se?

Normalmente, o consumidor nada faz, por inúmeros motivos, assumindo o prejuízo.

Você não acha que devemos fazer valer nossos direitos como consumidores?

Sem dúvida, é por isso que essas informações devem ser adequadas e claras.

## 4.3.4 Proteção contra publicidade, práticas e cláusulas enganosas, abusivas ou impostas

> IV – a proteção contra a publicidade enganosa e abusiva, métodos comerciais coercitivos ou desleais, bem como contra práticas e cláusulas abusivas ou impostas no fornecimento de produtos e serviços; (Brasil, 1990a)

Trata-se de mais um bom direito a ser exercido pelo consumidor.

Essa proteção também está ligada à concorrência desleal, pois a prática, pelo fornecedor, da **publicidade enganosa** e a utilização de métodos não recomendáveis para a efetivação da venda do produto ou do serviço **prejudicam seu consumidor** e também seu concorrente. Portanto, como empresário, é **dever do fornecedor** aplicar em seus negócios o **princípio da boa-fé**, trabalhando com a **maior transparência possível**, assim analisada por Fabian (2002, p. 68):

> *A transparência demanda clareza sobre a situação jurídica do consumidor. Transparência jurídica significa que o consumidor deve saber quais são os seus direitos e deveres obrigacionais, oriundos do contrato. A transparência sobre a situação jurídica pretende dar para o consumidor a possibilidade de saber os seus deveres e direitos pelo contrato. O consumidor pode se informar amplamente sobre o conteúdo do contrato. Assim, a transparência jurídica assegura que o consumidor pode formar e manifestar livremente sua vontade negocial.*

Como direito do consumidor estipula-se que aquilo que está sendo ofertado pela publicidade deve ser exatamente o que será consumido e que o contrato firmado entre as partes, mesmo que verbalmente, deve ter cláusulas equilibradas, sendo possível cumpri-las por ambos, sem qualquer abuso.

Lembramos algumas práticas ainda encontradas, principalmente na venda de produtos e notadamente em "promoções", em que o fornecedor estampa em letras garrafais determinado valor do bem, muito atrativo ao consumidor. Contudo, em letras miúdas (por vezes, inexistentes), informa que tal promoção somente acontecerá na compra de uma quantidade determinada daquela mercadoria. Você conhece algum caso como esse?

Esse inciso ainda protege o consumidor quanto aos contratos que possam ser abusivos ou tendenciosos, prevendo muito mais obrigações a serem cumpridas por ele e bem mais direitos a serem garantidos ao fornecedor.

Novamente em relação à proibição de publicidade enganosa, significa dizer que o que for anunciado, mesmo que de maneira ilustrativa, deve **corresponder exatamente à realidade**, àquilo que está à venda.

### 4.3.5 Modificação ou revisão de cláusulas abusivas ou desproporcionais

> V – a modificação das cláusulas contratuais que estabeleçam prestações desproporcionais ou sua revisão em razão de fatos supervenientes que as tornem excessivamente onerosas;
> (Brasil, 1990a)

Completando o inciso comentado anteriormente, é dado ao consumidor o direito de **modificar as cláusulas contratuais consideradas abusivas** ou que sejam **desproporcionais ao pactuado**, mesmo que o contrato já tenha sido firmado. É o que acontece nos contratos de adesão*, aqueles que são previamente elaborados pelo fornecedor, como o são os contratos de consórcio, que são possíveis e válidos desde que não contenham tais cláusulas.

---

\* De acordo com o art. 54 do CDC, "Contrato de adesão é aquele cujas cláusulas tenham sido aprovadas pela autoridade competente ou estabelecidas unilateralmente pelo fornecedor de produtos ou serviços, sem que o consumidor possa discutir ou modificar substancialmente seu conteúdo" (Brasil, 1990a).

É bem verdade que existe a cláusula implícita nos contratos chamada de *pacta sunt servanda**. Você já deve ter ouvido falar dela com outras palavras, como *o contrato faz lei entre as partes*, e assim deve ser quando ele tenha sido firmado com amparo legal e, principalmente, com equilíbrio entre as partes, que é justamente o que sustenta essa proteção.

> *É necessário que o fornecedor de produtos e serviços tenha de praticar todos os atos para que o consumidor não tenha qualquer dano ou prejuízo.*

Ainda existe a possibilidade de se revisar o contrato firmado, mesmo que em seu momento inicial esteja conforme e, supervenientemente – ou seja, posteriormente à sua contratação –, fatos outros venham a acontecer que o desequilibrem, onerando o consumidor no cumprimento das obrigações anteriormente assumidas.

Essas modificações podem ser feitas diretamente entre o consumidor e o fornecedor. Porém, caso este se recuse a fazê-las, deve o consumidor buscá-las judicialmente, por meio de ação cabível.

### 4.3.6 Prevenção e reparação de danos

> VI – a efetiva prevenção e reparação de danos patrimoniais e morais, individuais, coletivos e difusos; (Brasil, 1990a)

Com base em tudo o que já explanamos, sabemos que é necessário que o fornecedor de produtos e serviços pratique todos os atos para que o consumidor não tenha qualquer dano ou prejuízo, sendo que tais atos devem ser praticados mesmo antes da efetivação do contrato

---

\* *Pacta sunt servanda* é um termo latino que significa que o que foi pactuado (acordado, firmado) deve ser cumprido, no caso dos contratos, pelas partes.

entre ambos, em caráter preventivo, devendo continuar enquanto durar a relação de consumo.

Falar em **efetiva prevenção** é dizer das previsões legais, é notar na legislação pertinente a preocupação do legislador especial em pontuar cada uma das proteções e garantias ao consumidor, bem como as possíveis infrações em que podem incidir o fornecedor, cominando com suas sanções, também previstas. Naquilo em que o diploma particular não prevê, o consumidor pode fazer uso dos demais instrumentos jurídicos dispostos em nosso ordenamento.

Nas situações em que, não podendo prevenir o dano, seja moral, seja patrimonial, ele venha a ocorrer, fatalmente o fornecedor terá de repará-lo até mesmo com indenização, tendo sido o prejuízo causado ao consumidor individual, coletivo ou difuso.

## 4.3.7 Acesso aos órgãos judiciários e administrativos para prevenção ou reparação de danos

> VII – o acesso aos órgãos judiciários e administrativos, com vistas à prevenção ou reparação de danos patrimoniais e morais, individuais, coletivos ou difusos, assegurada a proteção jurídica, administrativa e técnica aos necessitados; (Brasil, 1990a)

É tarefa primordial do Estado, em todas as suas esferas, **satisfazer as necessidades coletivas** e, de maneira geral, deve fornecer aos menos favorecidos condições essenciais e mínimas de **acesso** aos seus serviços.

Ao garantir ao consumidor o acesso às suas esferas administrativas e judiciárias, o CDC informa que o Estado está de portas abertas para ajudar esse consumidor em relação aos danos que lhe forem causados pelo fornecedor e aos danos que for possível prevenir.

Tal ajuda está ligada ao **acesso à Justiça**, proporcionando ao consumidor a **assistência judiciária gratuita direta** tanto no caso dos **Juizados Especiais** como na **Justiça Comum**. Essa ajuda consta devidamente regulamentada na Lei n. 1.060, de 5 de fevereiro de 1950 (Brasil, 1950), podendo também ser encontrada nas **Defensorias Públicas**.

Na **esfera administrativa**, o consumidor poderá ter a ajuda do **Poder Público** – quando evidenciado o dano ou as práticas irregulares ou ilegais – na aplicação de sanções ao fornecedor, as quais podem ser as mais variadas possíveis – por exemplo, advertências e penas pecuniárias por meio de órgãos como a Fundação de Proteção e Defesa do Consumidor (**Procon**).

### 4.3.8 Facilitação de defesa de seus direitos

> VIII – a facilitação da defesa de seus direitos, inclusive com a inversão do ônus da prova, a seu favor, no processo civil, quando, a critério do juiz, for verossímil a alegação ou quando for ele hipossuficiente, segundo as regras ordinárias de experiências; (Brasil, 1990a)

Tendo sofrido algum dano material ou moral, pode o consumidor **exigir a devida reparação** do fornecedor, utilizando-se de todos os meios cabíveis e possíveis no direito.

Sabemos que, como regra, em uma ação judicial, o autor tem de provar os fatos constitutivos de seu direito, ou seja, de suas alegações, de seu pleito. Entretanto, por meio desse inciso no art. 6º, o CDC **facilita ao consumidor a busca e a conquista de seus direitos**, podendo até mesmo inverter o ônus probatório, deixando para o fornecedor a obrigação de provar as alegações do consumidor, se o juiz que estiver julgando o caso entender que essas argumentações são **verossímeis** ou se estiver o consumidor em **posição de hipossuficiência**.

A **verossimilhança** estará presente quando as alegações do consumidor tiverem um mínimo de verdade, mesmo que aparente; quando houver boas probabilidades de que o fato narrado seja verídico; ou quando, por exemplo, o consumidor argumentar que um acidente ocorreu em virtude de um defeito em uma peça do veículo, o que se constatará por meio de laudo técnico.

Já em relação à **hipossuficiência**, polêmicas à parte em virtude da divergência conceitual de acordo com a doutrina, preferimos ficar com o entendimento de Tartuce e Neves (2022, p. 33-34):

> *o conceito de hipossuficiência vai além do sentido literal das expressões pobre ou sem recursos, aplicáveis nos casos de concessão dos benefícios da justiça gratuita, no campo processual. O conceito de hipossuficiência consumerista é mais amplo, devendo ser apreciado pelo aplicador do direito caso a caso, no sentido de reconhecer a disparidade técnica ou informacional, diante de uma situação de desconhecimento [...].*

> *[...] um conceito fático e não jurídico, fundado em uma disparidade ou discrepância notada no caso concreto.*

Fica evidenciado que o consumidor, em face do fornecedor, realmente está em desequilíbrio sob diferentes prismas. Portanto, **deverá ser amparado pela legislação**, para que não tenha qualquer prejuízo.

### 4.3.9 Prestação de serviços públicos de qualidade

> X – a adequada e eficaz prestação dos serviços públicos em geral. (Brasil, 1990a)

De imediato, precisamos ressaltar que o Poder Público deve prestar seus serviços – todos eles – **de modo a atender ao interesse comum**, baseado no princípio constitucional da **eficiência**, que é fazer o máximo, mesmo que tenha a seu dispor somente o mínimo.

Quando se garante, na condição de direito do consumidor, que o Estado prestará seus serviços de maneira adequada e eficaz, isso não significa dizer que todos os serviços por ele prestados estarão sujeitos ao CDC. Mas essa garantia impõe ao Estado uma responsabilidade ainda maior sobre aqueles serviços em que a legislação consumerista estiver presente, especialmente naqueles em que houver remuneração direta ou indireta – como é o caso dos serviços de saúde –, pois estará atrelado à relação de consumo, com todas as implicações inerentes a isso.

### 4.3.10 Prevenção e tratamento do superendividamento

> XI – a garantia de práticas de crédito responsável, de educação financeira e de prevenção e tratamento de situações de superendividamento, preservado o mínimo existencial, nos termos da regulamentação, por meio da revisão e da repactuação da dívida, entre outras medidas; (Incluído pela Lei nº 14.181, de 2021)
>
> XII – a preservação do mínimo existencial, nos termos da regulamentação, na repactuação de dívidas e na concessão de crédito; (Incluído pela Lei nº 14.181, de 2021)

> XIII – a informação acerca dos preços dos produtos por unidade de medida, tal como por quilo, por litro, por metro ou por outra unidade, conforme o caso. (Incluído pela Lei nº 14.181, de 2021) (Brasil, 1990a, art. 6º)

Inovações agregadas ao CDC pela Lei n. 14.181, de 1º de julho de 2021 (Brasil, 2021a), garantem ao consumidor, pessoa natural, direitos particulares quando este, tendo agido de boa-fé, não conseguir pagar os compromissos assumidos. Tais disposições legais serão abordadas em capítulo exclusivo desta obra.

Estes são os princípios básicos do consumidor, elencados pelo CDC. Você, na condição de consumidor, deve conhecê-los detalhadamente, para que possa exigi-los quando precisar.

# Síntese

Neste capítulo, abordamos o direito do consumidor e a legislação a ele pertinente, especialmente o CDC. Tivemos a oportunidade de esmiuçar alguns conceitos fundamentais para o entendimento da relação de consumo, tais como os de fornecedor e consumidor e também de produto e serviço.

Examinamos a política Nacional de Relações de Consumo, que é alicerçada nos princípios consumeristas, também tratados neste estudo. Terminamos o capítulo com a abordagem dos direitos básicos do consumidor, que são sustentáculos para a aplicação de toda a legislação consumerista, deixando claras as obrigações do fornecedor.

# Questões para revisão

1) O CDC define tanto o consumidor quanto o fornecedor. Depois de nosso estudo, como você caracteriza o consumidor?

2) Na relação de consumo, o consumidor tem proteção tanto em relação ao produto quanto em relação ao serviço que adquire, mas é importante saber exatamente o que é o produto. Assim, de acordo com o CDC, o que é produto?

3) O CDC define o que é produto e o que é serviço, deixando claro que serviço é:
   a. toda atividade que esteja disponível no mercado e que possamos comprar ou permutar também com a prestação de serviços, excetuando-se as da relação de emprego.
   b. toda atividade que esteja disponível no mercado e que possamos comprar ou permutar também com a prestação de serviços, incluindo-se as da relação de emprego.
   c. toda atividade que esteja disponível no mercado e que somente por meio de intermediação possamos oferecer ao consumidor.
   d. toda atividade que esteja disponível no mercado e que possamos comprar, incluindo a da relação de emprego.
   e. toda atividade que esteja disponível no mercado e que possamos comprar, excetuando-se a da relação de emprego.

4) O acesso aos órgãos judiciários e administrativos com vistas à prevenção ou à reparação de danos patrimoniais e morais que possa sofrer o consumidor:
   a. é garantido somente pela Constituição Federal.
   b. não tem previsão legal.
   c. é um direito genérico que pode ser interpretado dessa forma.

d. é direito básico do consumidor previsto no CDC.

e. não se constitui em um direito, mas em uma possibilidade.

5) Entre os mecanismos e instrumentos que o CDC apresenta para a melhor defesa do consumidor está a Política Nacional de Relações de Consumo, alicerçada em diferentes princípios norteadores. Entre eles, podemos encontrar o princípio:

a. da adequada prestação de serviços.

b. da verossimilhança.

c. da vulnerabilidade.

d. da defesa do meio ambiente.

e. da prevenção.

## Questões para reflexão

1) O direito do consumidor poderia ser flexibilizado?

2) O consumidor conhece seus direitos e faz com que o fornecedor os respeite na relação de consumo?

# V

# Das responsabilidades e dos prazos

## Conteúdos do capítulo:

» Responsabilidades do fornecedor.
» Prazos.
» Fato e vício do produto e do serviço.

Neste capítulo, trataremos das **responsabilidades** que, quando não cumpridas implicam a responsabilização do fornecedor nas esferas civil, administrativa e penal, com as sanções cabíveis em cada situação.

Destacaremos ainda os **prazos** dados pelo Código de Defesa do Consumidor (CDC), para que o consumidor que se sentiu prejudicado em alguma relação de consumo possa reclamar seus direitos. Também examinaremos os conceitos de fato e vício de produtos e serviços, explicando cada uma das situações.

## 5.1 Responsabilidades do fornecedor

> *A responsabilidade por infrações na relação de consumo é dividida em três searas: a civil, a penal e a administrativa. Aquele que causar dano ao consumidor ou infringir as normas consumeristas poderá sofrer sanções **nas três esferas** de responsabilidades.*

Se buscarmos a origem da palavra *responsabilidade* na etimologia, vamos descobrir que ela resulta da junção de dois termos do latim, *responsus* e *spondere*, significando "garantir o que fora pactuado anteriormente".

As **infrações** das normas de defesa do consumidor e a identificação da natureza desses ilícitos cominam responsabilidades, sujeitando o infrator a sanções civis, administrativas e penais.

» **Sanção civil**: Como regra, busca uma restrição patrimonial do infrator, uma indenização a ser paga pelo causador do dano a quem tenha sofrido o prejuízo – que pode ser moral ou material.

» **Sanção administrativa**: Acontece quando a infração afeta as normas jurídicas, cominando a possibilidade de o Poder Público aplicá-la. A legislação prevê várias sanções nesse sentido, como a determinação de multas e a apreensão e inutilização do produto.

» **Sanção penal**: Deve ser aplicada quando o infrator fere algum tipo penal previsto na legislação como crime, o que pode, inclusive, restringir ou privar sua liberdade.

Reiteramos que a responsabilidade por infrações na relação de consumo é dividida em três searas: a civil, a penal e a administrativa. Assim, aquele que causar dano ao consumidor ou infringir as normas consumeristas poderá sofrer sanções cumulativa ou isoladamente nas três esferas de responsabilidades, tema que analisaremos em detalhes na sequência

### 5.1.1 Responsabilidade civil

De imediato, é preciso apresentar alguns elementos que caracterizam a responsabilidade civil, pois apenas dessa forma aquele que tenha sofrido um dano terá argumentos suficientes para buscar alguma reparação.

É preciso que o agente tenha tido uma conduta – por ação ou por omissão – e que essa conduta tenha ocasionado um dano. Ou seja, deve existir um nexo causal entre o ato praticado, ou a omissão da sua prática, e o evento danoso, pois somente assim poderão estar consolidadas a responsabilidade civil e a obrigação de indenizar.

No entender de De Plácido e Silva (2016, p. 642), assim se define *responsabilidade civil*:

> *Dever jurídico, em que se coloca a pessoa, seja em virtude de contrato, seja em face de fato ou omissão, que lhe seja imputado, para satisfazer a prestação convencionada ou para suportar as sanções legais, que lhe são impostas. Onde quer, portanto, que haja obrigação de fazer, dar ou não fazer alguma coisa, de ressarcir danos, de suportar sanções legais ou penalidades, há a responsabilidade, em virtude da qual se exige a satisfação ou o cumprimento da obrigação ou da sanção.*

Os danos causados ao consumidor podem afetar diretamente tanto sua pessoa como seu patrimônio, acarretando-lhe por conseguinte, um abalo moral ou material, de modo que precisa encontrar no ordenamento jurídico a ferramenta necessária e eficaz para suprir seu prejuízo. Tal ferramenta é a responsabilidade civil.

Para a apuração dessa responsabilidade, dois aspectos devem ser analisados a depender da situação: o **risco**, inerente a muitas atividades, sem a necessidade de haver dolo ou intenção; e a **culpa**, quando deverá ser apurada a negligência, a imprudência ou a imperícia.

A responsabilidade civil pelo dano ao consumidor é, como regra, objetiva e solidária, sendo subjetiva em alguns casos, os quais abordaremos em seguida.

## Responsabilidade civil objetiva

A responsabilidade civil objetiva é a aquela em que não se faz necessária a existência de culpa, pois, de certa forma, sua presunção absoluta estará presente – mas não é assim em toda e qualquer situação. Acontecerá somente com expressa autorização legal, como são os casos do CDC e do Código Civil (CC). No parágrafo único do art. 927, o CC determina: "Haverá obrigação de reparar o dano, independentemente de culpa, nos casos especificados em lei, ou quando a atividade normalmente desenvolvida pelo autor do dano implicar, por sua natureza, risco para os direitos de outrem" (Brasil, 2002).

Para ajudá-lo a entender esse aspecto, trazemos a lição de Stoco (2014, p. 157):

> *A necessidade de maior proteção à vítima fez nascer a culpa presumida, de sorte a inverter o ônus da prova e solucionar a grande dificuldade daquele que sofreu um dano demonstrar a culpa do responsável pela ação ou omissão. [...] O próximo passo foi desconsiderar a culpa como elemento indispensável, nos casos expressos em lei, surgindo a responsabilidade objetiva, quando então não se indaga se o ato é culpável.*

Reafirmamos que a regra para o CDC é imputar a responsabilidade civil objetiva, pois o dever de indenizar nasce sem a necessidade de se apurar a conduta culposa, muito menos se algum ato ilícito foi praticado.

## ▉ Responsabilidade civil subjetiva

A responsabilidade civil subjetiva, por sua vez, depende de culpa e da prática de um ato ilícito que, também por ação ou omissão, cause danos a alguém.

Sua disciplina é encontrada no CC, quando no *caput* – ou seja, no início – de seu art. 927 impõe a obrigação de reparar o dano a quem o tenha causado, baseado na prática de atos ilícitos constantes nos arts. 186 e 187, transcritos a seguir:

> Art. 186. Aquele que, por ação ou omissão voluntária, negligência ou imprudência, violar direito e causar dano a outrem, ainda que exclusivamente moral, comete ato ilícito.
>
> Art. 187. Também comete ato ilícito o titular de um direito que, ao exercê-lo, excede manifestamente os limites impostos pelo seu fim econômico ou social, pela boa-fé ou pelos bons costumes. (Brasil, 2002)

Encontramos a responsabilidade subjetiva no CDC como **exceção** quando ele trata da responsabilidade dos profissionais liberais.

Para caracterizar a culpa, é necessário, pois, que a conduta do fornecedor que cause danos ao consumidor seja praticada por **negligência**, agindo com desatenção, com descuido ou não tomando as devidas precauções; por **imprudência**, quando falta cautela ou quando o ato praticado é precipitado; ou por **imperícia**, ligada à falta de qualificação ou inaptidão.

Venosa (2012, p. 25) nos ensina que "a culpa é a falta de diligência na observância da norma de conduta, isto é, o desprezo por parte do agente, do esforço necessário para observá-la, com resultado não objetivado, mas previsível, desde que o agente se detivesse na consideração das consequências eventuais de sua atitude".

Agora você já sabe a diferença entre esses dois tipos de responsabilidade.

## Responsabilidade solidária

Ser solidário é coisa de quem tem um bom coração? É ser altruísta?

Talvez no âmbito social seja assim, o que é muito bom. Mas, juridicamente falando, pode não ser tão bom assim.

A **solidariedade** está prevista no CC, em seu art. 264, que determina: "Há solidariedade, quando na mesma obrigação concorre mais de um credor, ou mais de um devedor, cada um com direito, ou obrigado, à dívida toda" (Brasil, 2002).

No que concerne particularmente à responsabilidade solidária do fornecedor, esta também é a regra no direito do consumidor e se verifica quando existe, na mesma relação de consumo, mais de um fornecedor. Assim, a responsabilidade será de todos, podendo ser requerida a reparação individualmente para um deles, para qualquer deles ou para todos eles.

Todo fornecedor que causar dano ao consumidor terá de pagar, podendo – no que couber e quando for o caso – demandar ação regressiva contra os outros corresponsáveis, como nos explicam Farias e Rosenvald (2022, p. 261): "Vale dizer, nas relações internas entre fornecedores, o direito de regresso será exercido de acordo com a medida do nexo causal de cada um dos envolvidos com o acidente de consumo".

## Fato e vício do produto e do serviço

Você sabia que, para o CDC, **defeito** e **vício** são **situações distintas**?

É verdade, pois, quando ele menciona *defeito*, a referência é ao **fato** do produto ou do serviço e, por isso, o fornecedor pode ser responsabilizado.

Informa o CDC, no parágrafo 1º do art. 12, que

> § 1º O produto é defeituoso quando não oferece a segurança que dele legitimamente se espera, levando-se em consideração as circunstâncias relevantes, entre as quais:
> I – sua apresentação;
> II – o uso e os riscos que razoavelmente dele se esperam;
> III – a época em que foi colocado em circulação. (Brasil, 1990a)

Mas **não considera com defeito** o produto quando, simplesmente, outro de melhor qualidade tenha sido colocado no mercado.

De acordo com o CDC, a responsabilidade do fornecedor em relação ao fato do produto ou do serviço tem como regra ser **objetiva**, quando independe de culpa, quando não é necessário provar sua culpa. Sendo objetiva, a responsabilidade do fornecedor – que é estendida ao fabricante, ao produtor e ao construtor, sendo nacionais ou estrangeiros, assim como ao importador – só deixará de existir se conseguirem comprovar que o defeito não existia, que o produto não fora colocado no mercado de consumo ou que a culpa foi exclusivamente do consumidor ou de terceiros.

Mas e o **comerciante**, que não é considerado fornecedor: terá ele as mesmas responsabilidades?

É quase assim, pois **somente será responsabilizado quando**:
» dependendo do caso ou do produto, aqueles que seriam responsabilizados diretamente, acima citados, não puderem ser identificados;
» fornecer produto sem a devida identificação de quem o produziu, fabricou, construiu ou importou;
» no caso de produtos perecíveis, não os mantiver devidamente conservados.

Observe que são situações óbvias.

No que concerne ao **defeito do serviço**, constam as seguintes circunstâncias relevantes, entre outras que podem acontecer:

» o modo como o serviço foi fornecido;
» o resultado e os riscos que razoavelmente dele se esperam;
» a época de seu fornecimento.

Não é considerado com defeito o serviço que tenha sido prestado com a adoção de novas técnicas.

Será que o fornecedor de serviços será sempre responsabilizado? Em determinados casos, poderá eximir-se da responsabilidade se conseguir provar que o defeito não existe ou que a culpa se deve ao consumidor ou a terceiros.

Ainda como prestadores de serviços, podemos encontrar o médico, o dentista, o advogado, os chamados *profissionais liberais*, que também podem ser caracterizados como fornecedores de serviços.

> *São características da impropriedade os prazos de validade expirados, a adulteração, a deterioração e a falsificação dos produtos, entre outras.*

No caso dos profissionais liberais, a responsabilidade – que será sempre pessoal – deverá ser determinada pela constatação de culpa. Um pouco diferente da regra, sua responsabilidade é *subjetiva*, quando o consumidor deverá provar que, por negligência, imprudência ou imperícia, sofreu algum dano ou prejuízo causado pelo profissional liberal, sendo este obrigado a repará-lo.

E o **vício**, do que se trata?

Para entendermos o **vício do produto ou do serviço**, colhemos o pensamento de Nunes (2013, p. 239):

> *são consideradas vícios as características de qualidade ou quantidade que tornem os produtos ou serviços impróprios ou inadequados ao consumo a que se destinam e também que lhes diminuam o valor. Da mesma forma*

*são considerados vícios os decorrentes da disparidade havida em relação às indicações constantes do recipiente, embalagem, rotulagem, oferta ou mensagem publicitária.*

Assim, quando se trata de vício do produto ou do serviço, a referência é à sua impropriedade ou inadequabilidade de consumo ou às características que lhes diminuam o valor, bem como a diferenças nas informações trazidas, todas relacionadas à sua quantidade ou qualidade.

São **características da impropriedade** os prazos de validade expirados, a adulteração, a deterioração e a falsificação dos produtos, entre outras. Seus responsáveis respondem solidariamente pelos danos causados.

Somente a pessoa jurídica do fornecedor será responsabilizada pelos prejuízos causados ao consumidor? Se a pessoa jurídica não possuir patrimônio suficiente para responder pelo dano causado, seus sócios poderão responder com o seu patrimônio pessoal?

Há algumas possibilidades.

Essa abordagem se deve à desconsideração da personalidade jurídica da pessoa jurídica. Está prevista no CDC, em seu art. 28, assim disposta:

> Art. 28. O juiz poderá desconsiderar a personalidade jurídica da sociedade quando, em detrimento do consumidor, houver abuso de direito, excesso de poder, infração da lei, fato ou ato ilícito ou violação dos estatutos ou contrato social. A desconsideração também será efetivada quando houver falência, estado de insolvência, encerramento ou inatividade da pessoa jurídica provocados por má administração.
> (Brasil, 1990a)

Instituto largamente utilizado pelo CC, vemos que essa possibilidade também existe na relação de consumo. É mais um instrumento a ser usado pelo consumidor para ver satisfeita sua pretensão, que poderá ser requerida somente em processo judicial, nas situações anteriormente apresentadas.

Isso significa, no contexto das situações previstas em lei, deixar a pessoa jurídica um pouco de lado, até porque ela não tem bens suficientes que respondam pelo crédito que se pleiteia, e invadir o patrimônio pessoal dos sócios para que a pretensão do consumidor possa ser satisfeita.

### 5.1.2 Responsabilidade administrativa

A responsabilidade administrativa no âmbito consumerista está ligada ao desrespeito às normas próprias, preestabelecidas no ordenamento jurídico, tanto no CDC quanto na legislação.

As sanções administrativas são variadas e aplicadas pelo Poder Público, que exerce seu poder de polícia* mediante a instauração de processo administrativo, assegurados ao infrator a ampla de defesa e o contraditório, estando previstas no CDC em seu art. 56. Essas sanções vão desde a multa até a imposição de contrapropaganda**, que

---

\* "Art. 78. Considera-se poder de polícia atividade da administração pública que, limitando ou disciplinando direito, interesse ou liberdade, regula a prática de ato ou abstenção de fato, em razão de interesse público concernente à segurança, à higiene, à ordem, aos costumes, à disciplina da produção e do mercado, ao exercício de atividades econômicas dependentes de concessão ou autorização do Poder Público, à tranquilidade pública ou ao respeito à propriedade e aos direitos individuais ou coletivos." (Brasil, 1966)

\*\* "Art. 60. A imposição de contrapropaganda será cominada quando o fornecedor incorrer na prática de publicidade enganosa ou abusiva, nos termos do art. 36 e seus parágrafos, sempre às expensas do infrator.
§ 1º A contrapropaganda será divulgada pelo responsável da mesma forma, frequência e dimensão e, preferencialmente no mesmo veículo, local, espaço e horário, de forma capaz de desfazer o malefício da publicidade enganosa ou abusiva." (Brasil, 1990a)

podem ser determinadas pela autoridade administrativa competente isolada ou cumulativamente.

> Art. 56. [...]
> I – multa;
> II – apreensão do produto;
> III – inutilização do produto;
> IV – cassação do registro do produto junto ao órgão competente;
> V – proibição de fabricação do produto;
> VI – suspensão de fornecimento de produtos ou serviço;
> VII – suspensão temporária de atividade;
> VIII – revogação de concessão ou permissão de uso;
> IX – cassação de licença do estabelecimento ou de atividade;
> X – interdição, total ou parcial, de estabelecimento, de obra ou de atividade;
> XI – intervenção administrativa;
> XII – imposição de contrapropaganda. (Brasil, 1990a)

Dessa forma, podemos muito bem encontrar situações em que o fornecedor seja punido com várias dessas sanções ao mesmo tempo, sendo fácil imaginarmos uma circunstância como esta. Basta pensarmos em um mercado que comercializa alimentos e vende um determinado produto que estava impróprio para o consumo: no que poderá ser sancionado? Algumas hipóteses são a multa, a apreensão e a inutilização do produto, a interdição do estabelecimento, se outras não vierem, ou todas juntas.

As penas pecuniárias, que envolvem valores, são mensuradas de acordo com o grau ou a gravidade da infração, bem como são relacionadas à condição econômica do fornecedor e, se for o caso, com a vantagem que tenha alcançado, serão revertidos os valores recebidos aos fundos especialmente criados nos âmbitos federais, estaduais ou municipais de proteção ao consumidor.

É importante lembrarmos que, além da responsabilidade administrativa e de suas respectivas sanções, o infrator poderá ser **acionado** na **esfera civil**, buscando o consumidor alguma reparação financeira, e **na esfera penal**, pois a infração pode ter sido em relação a um tipo penal caracterizado pela lei, como veremos a seguir.

### 5.1.3 Responsabilidade penal

A partir do art. 61, o CDC dispõe sobre a responsabilidade penal, definindo as infrações e as respectivas sanções penais relativas à relação de consumo. Deixa claro, também, que outras disposições no mesmo sentido podem existir, em outros diplomas legais, como o Decreto-Lei n. 2.848, de 7 de dezembro de 1940 (Brasil, 1940) – o Código Penal –, e a Lei n. 8.137, de 27 de dezembro de 1990 (Brasil, 1990c).

Sobre as infrações penais previstas no CDC, Saad, Saad e Branco (2006, p. 520) informam que

> *Os crimes arrolados no Código de Defesa do Consumidor têm, como sujeito ativo, o fornecedor, como sujeito passivo, o consumidor e, como objeto especial, o produto ou o serviço. É o Código do Consumidor uma lei especial e em razão dessa circunstância ele prevalece sobre o Código Penal, a lei geral quando houver conflito entre as normas.*

As penas previstas no CDC podem ser privativas de liberdade ou de multa, variando de acordo com o potencial delitivo, sendo a conduta considerada dolosa ou culposa, comissiva ou omissiva.

» **Conduta dolosa**: É quando o agente tem a intenção de produzir o resultado, sua atitude é consciente ou, mesmo não tendo essa intenção, assume o risco.

» **Conduta culposa:** Ocorre quando o resultado (a consequência do ato) é previsível, é muito provável que aconteça e, mesmo assim, o agente, prevendo isso ou não, o pratica.
» **Conduta comissiva:** É a prática de determinado ato que o agente estava proibido de realizar.
» **Conduta omissiva:** É a falta de fazer, isto é, quando não se faz o que está determinado pela lei, ou quando não se faz algo que tenha a obrigação legal de fazer para evitar-se o resultado.

Ao analisarmos as condutas típicas previstas no CDC, vamos verificar que suas proteções são relativas a todos os direitos básicos do consumidor. Vamos ao seu estudo.

## Omitir sinais sobre periculosidade de produtos

> Art. 63. Omitir dizeres ou sinais ostensivos sobre a nocividade ou periculosidade de produtos, nas embalagens, nos invólucros, recipientes ou publicidade.
> [...]
> § 1º Incorrerá nas mesmas penas quem deixar de alertar, mediante recomendações escritas ostensivas, sobre a periculosidade do serviço a ser prestado. (Brasil, 1990a)

Está bem evidenciado que, aqui, o objetivo é a proteção prevista no inciso I do art. 6º, que dispõe sobre os direitos básicos do consumidor, já abordados em nosso estudo, bem como as disposições dos arts. 8º e 9º, que respaldam essas proteções à vida, à saúde e à segurança do consumidor diante dos riscos que podem ser causados pela omissão de informações relativas ao perigo ou à nocividade de produtos ou serviços.

Trata-se de uma **conduta omissiva** caracterizada pela falta de informações no produto ou sobre o serviço, especialmente relativas à sua periculosidade ou nocividade – por exemplo, a venda de soda cáustica, largamente encontrada no mercado e utilizada domesticamente para desentupir canos, sem as devidas e necessárias informações sobre seu uso e acondicionamento. Imagine você o estrago que isso poderia causar!

A pena para esse tipo de delito pode variar de um mês a dois anos de detenção e multa, dependendo do caso, não podendo passar de seis meses se a conduta for culposa.

## Omitir a periculosidade de produtos já colocados no mercado

> Art. 64. Deixar de comunicar à autoridade competente e aos consumidores a nocividade ou periculosidade de produtos cujo conhecimento seja posterior à sua colocação no mercado.
> [...]
> Parágrafo único. Incorrerá nas mesmas penas quem deixar de retirar do mercado, imediatamente quando determinado pela autoridade competente, os produtos nocivos ou perigosos, na forma deste artigo. (Brasil, 1990a)

O art. 64 do CDC poderia muito bem ser um parágrafo do artigo anterior, pois as proteções são as mesmas, mas particularmente – e principalmente – indicando a preocupação do legislador para que acidentes com produtos defeituosos não aconteçam. Difere do art. 63 no sentido de que a sua conduta típica, também omissiva, é deixar de comunicar o Poder Público, por meio das autoridades competentes, sobre a nocividade ou periculosidade de produtos após terem sido distribuídos no mercado de consumo.

Padrão de situação exemplificativa, trazida também por outros autores, prevista nos parágrafos 1º e 2º do art. 10* do CDC, é o *recall*\*\*. É comumente utilizado pela indústria automobilística, mas pode e deve ser usado para todo e qualquer produto colocado no mercado de consumo como procedimento obrigatório a ser feito pelo fornecedor. Deixando de fazê-lo, incorrerá nesse tipo penal.

Na mesma esteira, Filomeno (2018, p. 623) afirma:

> *No caso, fica evidenciado que o risco criado pelo produto deve ser minimizado: primeiramente, pelo próprio responsável (aviso e recall) e, secundariamente, pelas autoridades competentes, incorrendo aquele nas penas de que trata o art. 64, sob análise em caso de omissão de comunicação àquelas mesmas autoridades ou então não retirando do mercado os produtos considerados perigosos ou nocivos, repita-se, além do que normalmente deles se espera.*

A pena aqui pode variar de seis meses a dois anos de detenção e multa.

---

\* "Art. 10. [...]
§ 1º O fornecedor de produtos e serviços que, posteriormente à sua introdução no mercado de consumo, tiver conhecimento da periculosidade que apresentem, deverá comunicar o fato imediatamente às autoridades competentes e aos consumidores, mediante anúncios publicitários.
§ 2º Os anúncios publicitários a que se refere o parágrafo anterior serão veiculados na imprensa, rádio e televisão, às expensas do fornecedor do produto ou serviço." (Brasil, 1990a)

\*\* *Recall* é o chamamento, a convocação do consumidor, feita pelo fornecedor, para a troca ou reparação de produto defeituoso.

## Executar serviço perigoso contra determinação

> Art. 65. Executar serviço de alto grau de periculosidade, contrariando determinação de autoridade competente.
> (Brasil, 1990a)

Novamente, a saúde e a segurança do consumidor são objetos de proteção, agora especialmente em relação a serviços executados que afrontem a determinação da autoridade competente.

Sabemos que alguns serviços prestados são perigosos por natureza. Porém, vamos pensar assim: a empresa em que você trabalha está tão satisfeita com os resultados conseguidos no ano que providencia uma grande festa comemorativa, reunindo todos os funcionários e colaboradores em sua sede no dia 31 de dezembro, para que, ao mesmo tempo, possam brindar o ano novo; para isso, contratam um *buffet* de comidas e bebidas e também uma empresa especializada no fornecimento e queima de fogos de artifícios.

Não lhe parece que a prestação de serviço de fornecimento e queima de fogos de artifícios é de alta periculosidade e necessita da competente autorização do Poder Público para que seja prestado?

E assim é.

Esse também é o entender de Passarelli (2002, p. 67-68):

> *Em síntese, o fornecedor que deixa de observar a determinação da autoridade competente acerca da execução de um serviço entendendo como de alto grau de periculosidade, e em decorrência vem a matar uma pessoa, atenta contra dois objetos jurídicos diversos (as relações de consumo e a vida humana), devendo ser punido pela violação de ambos.*

Para quem cometer esse delito, a pena será a mesma do artigo anterior, podendo variar de seis meses a dois anos de detenção e multa. Estas poderão cumular-se se houver lesão corporal ou morte – caso em que as penas são **somadas**.

## Fornecer informação falsa ou omitir informações relevantes sobre produtos ou serviços

> Art. 66. Fazer afirmação falsa ou enganosa, ou omitir informação relevante sobre a natureza, característica, qualidade, quantidade, segurança, desempenho, durabilidade, preço ou garantia de produtos ou serviços. (Brasil, 1990a)

Você já notou que os tipos penais elencados pelo CC têm correspondência direta com outras previsões por ele trazidas ao longo de seu texto? Aqui temos mais um exemplo de proteção contra a propaganda ou a publicidade falsa, abusiva e enganosa, feitas por qualquer meio de divulgação – pelas mídias (diretas e indiretas, físicas ou eletrônicas), por materiais confeccionados ou elaborados pelo próprio fornecedor etc.

Trazemos como exemplo o fornecedor de determinado medicamento que afirma, na bula, que a ação deste é analgésica, quando não é, ou omite a informação sobre as reações adversas, que são relevantes, podendo até mesmo causar a morte.

Observe que existem duas condutas delituosas, uma comissiva e uma omissiva, que podem ser, respectivamente, fazer alguma afirmação falsa ou enganosa ou omitir informação que seja importante relacionada às características do produto ou do serviço, sem a necessidade de se adquirir ou tentar adquirir qualquer vantagem financeira ou benefícios de qualquer ordem.

Saad, Saad e Branco (2006, p. 540) esclarecem a questão:

> *Dois são os atos imputáveis ao fornecedor no artigo em tela; um é comissivo porque afirma ter seu produto qualidades e características que não possui e o outro é omissivo porque não informa ao consumidor a característica, qualidade, quantidade, segurança, desempenho e durabilidade, preço ou garantia do produto ou serviço.*

A pena para quem estiver incurso nesse artigo pode variar de um mês a um ano de detenção e multa, dependendo do caso, não podendo passar de seis meses se a conduta for culposa. Poderá responder também pela mesma conduta aquele que patrocinar a oferta do produto ou do serviço.

## Promover publicidade enganosa

> Art. 67. Fazer ou promover publicidade que sabe ou deveria saber ser enganosa ou abusiva. (Brasil, 1990a)

Esse artigo é pouco parecido com o anterior, em uma primeira leitura, mas guarda suas particularidades. No art. 67, fala-se somente em *publicidade*, e o agente infrator é o profissional de mídia envolvido diretamente com a oferta, desde a sua criação até a veiculação da matéria publicitária.

A pessoa contratada para produzir determinado material publicitário há que conhecer profundamente o produto ou serviço, para que assim possa fazer melhor o seu trabalho. E quem o faz sabendo – ou devendo saber – que as informações prestadas são abusivas ou enganosas poderá ser penalizado. Sua pena será de detenção, podendo variar entre três meses e um ano, e multa.

## Promover publicidade capaz de induzir o consumidor a comportamento perigoso

> Art. 68. Fazer ou promover publicidade que sabe ou deveria saber ser capaz de induzir o consumidor a se comportar de forma prejudicial ou perigosa a sua saúde ou segurança. (Brasil, 1990a)

Trata-se de novo combate à publicidade abusiva, agora voltada à possibilidade de indução do consumidor a se comportar de forma perigosa ou prejudicial à sua saúde ou à sua segurança. Assim, o presente dispositivo somente será ativado quando a propaganda induzir o comportamento do consumidor de maneira tal que coloque em risco sua saúde ou sua segurança.

Vamos nos lembrar das antigas campanhas publicitárias de cigarros, já não mais permitidas, que induziam o consumidor a adquirir determinada marca, por meio dos cenários paradisíacos que mostravam como se deles fosse participar. No entanto, na verdade, o que estaria adquirindo era um produto extremamente prejudicial à sua saúde.

Como no artigo anterior, o sujeito ativo do delito – ou seja, quem poderá infringir esse dispositivo – é o profissional de mídia, responsável pela criação e veiculação do material publicitário capaz da citada indução, além daquele que promover a divulgação, podendo aqui estar o responsável pela empresa publicitária. Filomeno (2018, p. 657) explica melhor: "a ação física consiste em fazer (o publicitário) e promover (aquele responsável pelo veículo de publicidade) a peça publicitária capaz de induzir o consumidor a se comportar de forma prejudicial ou perigosa à sua saúde ou segurança".

A sanção penal aqui estabelecida é de detenção, podendo variar de seis meses a dois anos, e multa.

## Deixar de organizar dados de base para a publicidade

> Art. 69. Deixar de organizar dados fáticos, técnicos e científicos que dão base à publicidade. (Brasil, 1990a)

A preocupação com a publicidade enganosa ganha corpo novamente – um dispositivo segue completando o outro – para que não reste qualquer dúvida sobre a proibição de sua prática. Esse artigo obriga os responsáveis pela campanha publicitária a organizar e guardar o material utilizado como sustentação de sua veiculação.

De certa forma, a proteção aqui é para os dois sujeitos da relação de consumo. É dada a possibilidade ao consumidor de confirmar a veracidade das informações, bem como ao fornecedor que, tendo guardado todo esse material, poderá resguardar-se de futuras cobranças por meio de ação judicial, na qual poderá acontecer a inversão do ônus da prova, podendo demonstrar que nada fez de errado.

Por parte da doutrina, há quem não concorde com esse tipo penal, pois não estabelece proteção alguma ao consumidor. Nesse sentido, Nunes (2013, p. 710) entende que "É o mesmo que criar tipo criminal para punir o cidadão que pagou seus impostos, mas não guardou o comprovante do pagamento, ou puni-lo porque não guardou os dados que comprovam a receita [...]".

Novamente, a pena prevista é a detenção, que pode variar de um a seis meses, ou multa.

## Empregar peças usadas na reparação de produtos

> Art. 70. Empregar na reparação de produtos, peça ou componentes de reposição usados, sem autorização do consumidor. (Brasil, 1990a)

A tutela, nesse tipo penal, é o patrimônio do consumidor.

São situações encontradas em nosso dia a dia. Você já pode ter passado por uma delas. Por exemplo, ao levar seu automóvel à oficina por ter apresentado algum problema, o mecânico, após uma verificação rápida, comunica que terá de comprar determina peça. Você autoriza o conserto e a compra da peça nova, e o serviço é realizado. Ao pagar, a oficina lhe mostra até mesmo a nota fiscal de compra da peça; porém, a peça colocada em seu veículo foi uma usada que o mecânico já possuía e reaproveitou.

Infelizmente, essa ainda é uma prática comum entre prestadores de serviços. A pena por esse delito será de detenção, variando de três meses a um ano, e multa.

## Expor indevidamente do consumidor

> Art. 71. Utilizar, na cobrança de dívidas, de ameaça, coação, constrangimento físico ou moral, afirmações falsas incorretas ou enganosas ou de qualquer outro procedimento que exponha o consumidor, injustificadamente, a ridículo ou interfira com seu trabalho, descanso ou lazer. (Brasil, 1990a)

É outra prática ainda encontrada em larga escala no mercado consumerista, na qual o consumidor é exposto a circunstâncias vexatórias, constrangedoras, até mesmo em seu local de trabalho, de diversas formas.

Você já deve ter ouvido alguém dizer que um certo departamento de cobrança o está incomodando, em virtude das inúmeras ligações efetuadas diariamente, em vários horários. Os telefonemas acontecem inclusive aos domingos e em feriados, sendo cobrada certa dívida já paga ou prescrita, com ameaças de inserir o nome do consumidor no cadastro de maus pagadores ou, até mesmo, enviar um cobrador à residência deste ou ao seu trabalho, por mais que o sujeito reitere que já pagou tal dívida.

São práticas permitidas ao fornecedor, pois, em seus controles, a inadimplência do devedor existe e, como credor, precisa receber o que lhe devem. Por mais que ainda possam acontecer, como outras tantas, essas práticas são terminantemente proibidas, pois são injustificadas, podendo estar caracterizadas dentro do tipo penal em comento.

Ao credor é dado o direito de receber os valores a ele devidos, utilizando o bom senso e tendo um controle mais efetivo de seus negócios, podendo, sim, cobrar o que lhe é devido. Para tal, deve se valer dos mecanismos e instrumentos legais existentes e eficazes, como a cobrança, o protesto e as demandas judiciais, que também são constrangedores, mas justificados, especialmente se o débito existe.

Há também aquelas hipóteses em que o consumidor está sendo cobrado por dívida já paga ou inexistente. Nesses casos, poderá cobrar tal valor do fornecedor pela ação chamada de *repetição de indébito*, tendo o fornecedor de pagar se não houver um engano justificável.

Salientamos que, em todas as cobranças feitas ao consumidor por meio de documentos, o fornecedor deve fazer constar suas informações pessoais, como nome, endereço e número de inscrição no Cadastro de Pessoas Físicas (CPF) ou no Cadastro Nacional de Pessoas Jurídicas (CNPJ), dependendo do caso. A pena prevista nesses casos é de detenção, podendo variar de três meses a um ano, e multa.

## Dificultar o acesso do consumidor a informações sobre ele mesmo

> Art. 72. Impedir ou dificultar o acesso do consumidor às informações que sobre ele constem em cadastros, banco de dados, fichas e registros. (Brasil, 1990a)

Quem já teve seu crédito não aprovado em uma compra a prazo em virtude de seu cadastro não comportar a compra?

Pode muito bem acontecer, sendo que, às vezes, ao consumidor não é repassado o motivo para isso. Mas ele tem o direito de saber, até mesmo para poder sanar o problema.

O consumidor tem o direito de acessar todas as informações que constem sobre ele e que estejam em poder do fornecedor, seja onde estiverem armazenadas e sejam elas verídicas ou não. Ao se recusar a fornecer essas informações ou ao dificultar seu acesso ao consumidor, estará o fornecedor cometendo esse delito. Poderá ser penalizado em seis meses a um ano de detenção ou multa.

## ▎ Deixar de corrigir informação inexata sobre o consumidor

> Art. 73. Deixar de corrigir imediatamente informação sobre consumidor constante de cadastro, banco de dados, fichas ou registros que sabe ou deveria saber ser inexata. (Brasil, 1990a)

O art. 73 é um complemento do artigo anterior, pois, tendo acesso a suas informações constantes nos cadastros do fornecedor, o consumidor poderá constatar sua veracidade. Caso exista alguma inverdade ou erro, ele poderá solicitar a correção.

O fornecedor também pode dispor de informações inexatas sobre o consumidor, que sejam ou deveriam ser de seu conhecimento, tais como a renda, o domicílio ou o estado civil, sem que as tenha verificado ou, mesmo que o tenha feito, deixando de corrigi-las.

Em qualquer desses casos, estará presente a **ilicitude**. A pena para esse delito será de detenção, podendo variar de um a seis meses, ou multa.

## ▎ Deixar de entregar o termo de garantia ao consumidor

> Art. 74. Deixar de entregar ao consumidor o termo de garantia adequadamente preenchido e com especificação clara de seu conteúdo. (Brasil, 1990a)

Na compra de produtos e serviços, o consumidor já tem uma garantia legal – estipulada, portanto, em lei. Além dessa garantia, sendo sua prerrogativa, o fornecedor pode dar outra ao consumidor, que a complemente.

Nesse caso, deve fornecê-la por escrito, constando no documento claramente todas as informações a ela inerentes*. Ao deixar de entregá-la, estará incurso nesse tipo penal.

A pena é de detenção, podendo variar de um a seis meses, ou multa.

## 5.2 Dos prazos

É de extrema importância que o consumidor esteja atento aos prazos, pois isso pode influir diretamente em seus direitos. Aproveitamos para trazer a antiga – mas sempre presente – máxima jurídica *dormientibus non sucurrit ius*, que significa "o direito não socorre os que dormem". Isso reforça que o consumidor deve ficar de olhos bem abertos para não perder os prazos de relação e de busca de seus direitos.

Detectado o **vício do produto ou do serviço**, genericamente nos bens duráveis ou não duráveis, procurado o fornecedor e ele não tendo resolvido o problema no prazo máximo de 30 dias, ou no prazo convencionado pelas partes, não superior a 180 nem inferior a 7 dias, o consumidor tem algumas opções para resolver o problema. Pode escolher uma solução a seu critério, alternativamente:

---

\* "Art. 50. A garantia contratual é complementar à legal e será conferida mediante termo escrito.
Parágrafo único. O termo de garantia ou equivalente deve ser padronizado e esclarecer, de maneira adequada em que consiste a mesma garantia, bem como a forma, o prazo e o lugar em que pode ser exercitada e os ônus a cargo do consumidor, devendo ser-lhe entregue, devidamente preenchido pelo fornecedor, no ato do fornecimento, acompanhado de manual de instrução, de instalação e uso do produto em linguagem didática, com ilustrações." (Brasil, 1990a)

» **Substituir o produto por outro** que esteja em perfeitas condições de uso, desde que da mesma espécie. Na sua impossibilidade, deve trocar por outro de espécie diferente, ajustando-se a diferença de seu valor – a ser pago pelo consumidor, se maior, ou a ser restituído pelo fornecedor, se menor.
» **Pedir a imediata devolução do valor pago**, devidamente atualizado; se for o caso, pedir indenização por perdas e danos.
» **Ficar com o produto**, mesmo defeituoso, proporcionalmente **abatendo o defeito do valor total** do bem.

Reafirmamos que a responsabilidade dos fornecedores de produtos duráveis ou não duráveis será solidária. Ou seja, todos os fornecedores envolvidos serão responsabilizados da mesma maneira, sendo que, no caso dos produtos *in natura*, como frutas e verduras, o responsável será sempre quem vendeu diretamente ao consumidor, quando o produtor não puder ser identificado.

Particularmente em relação ao vício de quantidade do produto, quando seu conteúdo líquido for diferente e inferior e, da mesma forma, o problema não tiver sido resolvido pelo fornecedor nos mesmos prazos anteriormente expostos, as opções do consumidor serão as mesmas do caso do vício do produto, ou seja, o consumidor poderá solicitar a substituição do produto, a devolução do dinheiro ou, ainda, poderá ficar com o produto – e aqui há uma pequena distinção, pois o consumidor terá duas alternativas: abater o valor do defeito do valor final ou pedir que seja complementado seu peso ou sua medida.

*A responsabilidade dos fornecedores de produtos duráveis ou não duráveis será solidária. Ou seja, todos os fornecedores envolvidos serão responsabilizados.*

Já em relação ao **vício de qualidade do serviço**, respeitados os mesmos prazos, as opções do consumidor são as seguintes:

» Sendo possível, **exigir que o serviço seja reexecutado**, sem qualquer custo adicional, mesmo que seja por terceiros, com os custos sendo arcados totalmente pelo fornecedor.

» **Pedir a imediata devolução do valor pago**, devidamente atualizado; se for o caso, pedir indenização por perdas e danos.

» **Abater o vício constatado do valor total** do serviço, proporcionalmente.

Além dos prazos tratados anteriormente, o CDC ainda determina os **prescricionais** e os **decadenciais**, prazos estes que determinam o período no qual o consumidor pode exigir seus direitos em relação ao vício do produto ou do serviço.

Você já ouviu falar em **vício redibitório** (ou **vício oculto**)?

É bem simples.

Existe o **vício aparente**, que é aquele defeito facilmente encontrado e detectado a "olhos vistos" pelo "homem mediano", ou seja, pela pessoa comum, com o mínimo de discernimento. Existe também o **defeito oculto**, particularmente chamado de **vício redibitório**, que é de difícil constatação, mesmo por um *expert*.

O **prazo decadencial** para que o consumidor possa reclamar dos **vícios aparentes** é:

» de 30 dias, se o produto ou o serviço for não durável;

» de 90 dias, nos casos de serviço e de produtos duráveis.

Esses dias são contados a partir do término da prestação do serviço ou da efetiva entrega do produto, nos casos de vício aparente; nos casos de vício oculto, a partir da constatação do defeito. Passados esses prazos, o direito de reclamar do vício caduca para o consumidor.

E a **prescrição**, do que se trata?

Quando o CDC estipula os prazos prescricionais, está determinando o tempo que o consumidor tem para buscar em juízo uma indenização pelo dano causado por seu fornecedor de produto ou serviço. O **prazo prescricional** estipulado é de cinco anos, contados do momento da ciência do dano e de seu autor.

Estes são os prazos previstos na legislação para que o consumidor possa exigir seus direitos, no âmbito da relação de consumo, em alguma situação em que entenda estar sofrendo algum prejuízo. Fique atento!

## Síntese

Neste capítulo, examinamos as responsabilidades do fornecedor, detalhando que ele pode responder administrativa, civil e penalmente pelos atos danosos causados ao consumidor. Também tratamos da distinção entre fato e vício do produto e do serviço. Analisamos ainda os prazos previstos pelo CDC para que o consumidor possa pleitear seus direitos.

## Questões para revisão

1) O que você entende por *desconsideração da personalidade jurídica* da pessoa jurídica?

2) O comerciante sempre responderá pelo defeito do produto?

3) O consumidor pode reclamar de vícios existentes no produto que tenha adquirido, dentro dos prazos estabelecidos na legislação. Entre os vícios que podem existir, estão os vícios redibitórios, que são:
   a. os vícios ocultos.
   b. os vícios aparentes.
   c. os vícios causados pelo consumidor.

d. os vícios causados por terceiros.

e. também chamados de *defeitos do produto*.

4) Um consumidor encontra um vício em um produto comprado e reclama com o fornecedor; este, porém, nada faz dentro do prazo estabelecido por lei, nem mesmo quer substituir o produto por outro em perfeitas condições. Nesse caso, o consumidor pode:

a. pedir a imediata devolução do valor pago, devidamente atualizado, e, se for o caso, indenização por perdas e danos, mas somente em juízo.

b. insistir na substituição do produto por outro que esteja em perfeitas condições de uso, inclusive de espécie diferente e, sendo de maior valor, sem qualquer ônus.

c. pedir a imediata devolução do valor pago, devidamente atualizado, e, se for o caso, indenização por perdas e danos.

d. exigir que o fornecedor lhe reembolse por outro produto comprado por ele em outro estabelecimento comercial.

e. pedir a imediata devolução do valor pago, devidamente atualizado, e ficar de posse do produto defeituoso.

5) Quando o CDC estipula os prazos prescricionais, está determinando o tempo que o consumidor tem para buscar em juízo uma indenização pelo dano causado por seu fornecedor de produto ou serviço. Esse prazo é:

a. de 5 anos, contados do momento da ciência do dano e de seu autor.

b. de 30 dias para produtos perecíveis.

c. de 60 dias para produtos duráveis.

d. de 1 ano, contado do momento da ciência do dano e de seu autor.

e. de 60 dias, contados do momento da ciência do dano.

# Questões para reflexão

1) Os prazos para reclamação de defeitos no produto ou no serviço deveriam ser maiores?

2) O CDC já está defasado, devendo ser atualizado para adequar-se à realidade do consumidor?

# VI

# Das práticas comerciais

## Conteúdos do capítulo:

» Oferta de produtos e serviços.
» Contratos de consumo.
» Defesa do consumidor em juízo.
» Da prevenção e do tratamento do superendividamento

Veremos, neste capítulo, de que forma o fornecedor pode mostrar, expor, ofertar e vender seu produto ou serviço, tudo de acordo com as normas legais.

Quando o consumidor e o fornecedor efetivam sua relação, eles pactuam, acordam, ajustam todas as situações inerentes a essa relação por meio de um contrato. Examinaremos, portanto, os **contratos de consumo**.

E quando o consumidor não consegue resolver o problema diretamente com o fornecedor, o que ele poderá fazer? Arcar com o prejuízo?

Existe a possibilidade de buscar a ajuda do Poder Judiciário, por meio das ações previstas na legislação, o que também será objeto de nosso estudo.

## 6.1 Oferta de produtos e serviços

O fornecedor pode **oferecer seus produtos e serviços** no mercado de consumo de diversos modos. Principalmente em um mercado altamente competitivo, utilizando-se da **criação**, poderá atrair o consumidor – mas deve fazer isso sempre da maneira correta. Se contrariar os ditames legais, poderá ser penalizado.

De acordo com Nunes (2015, p. 415), "Pode-se, então, dizer que a oferta é um veículo, que transmite uma mensagem, que inclui informação e publicidade. O fornecedor é o emissor da mensagem e o consumidor é seu receptor".

Informa o Código de Defesa do Consumidor (CDC) – Lei n. 8.078, de 11 de setembro de 1990 (Brasil, 1990a) – que tudo aquilo que estiver disposto na oferta do produto ou do serviço de forma precisa e objetiva, feita pelo fornecedor em qualquer meio de divulgação, obrigará esse fornecedor a honrá-la. Tal oferta deve comportar informações em língua portuguesa, que sejam claras e concisas, com todas as características possíveis, como as relacionadas ao preço, à quantidade e à qualidade. Além disso, deve mencionar os riscos que possam apresentar à saúde e à segurança dos consumidores e, em determinados casos, deve estar impressa, de modo a não pode ser retirada ou apagada – assim será nos produtos refrigerados, por exemplo.

*Como regra, o preço informado é sempre para pagamento à vista.*

A oferta, pode, ainda, conter outras informações além das previstas no art. 31 do CDC, como pensa Marques (2019, p. 775):

> *Segundo o art. 31 do CDC o fornecedor deve cuidar para que sua oferta, assim como a apresentação de seu produto ou o nome de seu serviço, assegure ao consumidor informações claras, precisas e ostensivas sobre as*

*características principais do produto. O rol de características destacado pelo art. 31 é meramente exemplificativo, preocupando-se com as características físicas do produto, com a sua repercussão econômica, com a saúde do consumidor, e com a segurança do consumidor.*

Particularmente em relação à oferta e à afixação de preços, a Lei n. 10.962, 11 de outubro de 2004 (Brasil, 2004) – juntamente com o Decreto n. 5.903, de 20 de setembro de 2006 (Brasil, 2006a), que a regulamenta – determina algumas obrigações.

Sabemos da importância que o preço tem no momento da compra, podendo ser decisivo para que o negócio seja efetivado ou não. É por isso que nos preocupamos em trazer essas disposições.

De maneira geral, a legislação permite que o fornecedor de bens e serviços afixe os preços de diversas formas, como o uso de etiquetas no produto ou na vitrine, desde que de maneira bem clara e legível.

Como regra, o preço informado é **sempre** para **pagamento à vista**. Se for concedido algum crédito, parcelando-se ou financiando-se o valor, deverão também ser informados o valor total a ser pago com o financiamento, a quantidade de parcelas (também o valor e o vencimento de cada uma delas) e os encargos, como os juros e demais valores que serão agregados ao valor inicial.

Vivemos na época do código de barras, mas alguém consegue identificar o preço somente ao olhá-lo?

Claro que não.

Por esse motivo, o art. 6º do Decreto n. 5.903/2006 é claro ao afirmar que os comerciantes que oferecem seus produtos com o preço fixado em código de barras devem disponibilizá-lo também em local de fácil acesso, informando suas posições por meio de avisos distribuídos no estabelecimento. Deve haver equipamentos de leitura ótica, para que o consumidor possa consultar os preços e optar ou não pela compra.

Mesmo tendo optado pela utilização do código de barras ou do código referencial, o fornecedor, nos estabelecimentos onde o consumidor tenha acesso direto ao produto, deve deixar junto aos itens oferecidos, além do preço, informações claras sobre as demais características.

Na hipótese de venda direta ao consumidor de produtos fracionados – por exemplo, um *pack* ou caixa de cervejas –, deve informar, além do preço à vista, o valor individual do produto com suas demais características, dependendo da forma habitual como ele seja vendido – se por volume, comprimento etc. Não sendo possível, pode fazer uso de relações de preços, também afixadas em local próximo aos produtos e de fácil acesso, bem como escrita de maneira clara.

E naquelas situações em que o preço afixado no produto ou na prateleira é um e, no momento de pagar, é outro, diferente e maior? O que fazer?

O Decreto n. 5.903/2006 é bastante claro quando considera, no inciso III do parágrafo 1º de seu art. 2º, "precisão, a informação que seja exata, definida e que esteja física ou visualmente ligada ao produto a que se refere, **sem nenhum embaraço físico** ou visual interposto" (Brasil, 2006a, grifo nosso), disposição que obriga o fornecedor a vender o produto pelo menor preço.

A obrigação de honrar o que fora ofertado é reiterada no art. 48 do CDC, que trata dos contratos de consumo: "As declarações de vontade constantes de escritos particulares, recibos e pré-contratos relativos às relações de consumo vinculam o fornecedor, ensejando inclusive execução específica, nos termos do art. 84 e parágrafos" (Brasil, 1990a).

Mesmo aquelas ofertas mais acirradas, que causam maior impacto, distintas das normais, pois criam muito mais expectativas ao consumidor, têm de ser cumpridas. Como exemplo, podemos citar a oferta de um televisor inserida na mídia por um fornecedor de produtos eletrônicos por ocasião da Copa do Mundo de Futebol no ano de 2014, no Brasil, afirmando que seu preço seria de R$ 1,00 caso a Seleção Brasileira fosse campeã. Lembra-se? O fornecedor teve de honrar a proposta? Sabemos que não, pois a **condição** não se implementou.

Mas, se o fornecedor se recusar a cumprir a oferta, o que o consumidor pode fazer?

Nesse caso, são dadas ao consumidor algumas possibilidades, entre as quais ele pode escolher alternativamente:

» exigir que o fornecedor cumpra a oferta por meio da distribuição de ação judicial;

» optar pelo aceite de outro produto ou de prestação de serviço equivalente oferecidos pelo fornecedor;

» desfazer o negócio, rescindindo o contrato e tendo direito a receber o que já foi pago, com a devida atualização monetária, se for o caso, além de perdas e danos.

Entretanto, a vinculação do fornecedor não acontece quando a oferta é subjetiva, ao afirmar – por exemplo e de maneira extremamente exagerada – que o produto vendido é o melhor ou mais gostoso do mundo: é o que o mercado denomina *puffing*. Tampouco acontece quando anuncia por erro crasso, erro grosseiro, seu valor muito abaixo do que deveria ser – por exemplo, anunciar por R$ 10,00 um produto cujo preço real é de R$ 1.000,00.

Outra situação bem peculiar é quando os produtos vendidos saem de linha, não são mais fabricados ou importados, e acontece a necessidade de troca de determinado componente ou peça. Nesses casos, o fornecedor é obrigado somente a manter as peças de reposição enquanto perdurar a fabricação ou a importação por um período razoável de tempo. Depois disso, cessa a responsabilidade do fornecedor.

Esse período razoável de tempo é um tanto quanto subjetivo, mas pode ser balizado pelo Decreto n. 2.181, de 20 de março de 1997 (Brasil, 1997), que dispõe sobre a organização do Sistema Nacional de Defesa do Consumidor (SNDC). No inciso XXI de seu art. 13, esse decreto estabelece que será aplicada multa ao fornecedor de produto ou serviço que "deixar de assegurar a oferta de componentes e peças de reposição, enquanto não cessar a fabricação ou importação do produto, e, caso cessadas, de manter a oferta de componentes e peças de reposição por período razoável de tempo, **nunca inferior à vida útil do produto ou serviço**" (Brasil, 1997, grifo nosso).

Já afirmamos, em vários momentos, que existe a necessidade de identificação do fabricante e de seu endereço no produto ou serviço ofertado. Isso se repete nas ofertas ou vendas por telefone ou por reembolso postal, sendo obrigatória a presença dessas informações em todas as vias utilizadas para a oferta do produto (embalagem, publicidade ou qualquer impresso), para que, precisando, o consumidor possa delas se utilizar.

Vivemos em momento de completa globalização, com as informações chegando a todo e qualquer momento. Num piscar de olhos, novidades aparecem por meio das mais diferentes espécies de mídias eletrônicas, que também possibilitam uma agilidade maior na aquisição de bens e serviços para o consumo. São as **compras realizadas pela internet**, pelos meios eletrônicos, o que, de certa forma e para muita gente, ainda é um ambiente tenebroso, de difícil acesso e compreensão. Somado a isso – ou talvez até por isso –, aqueles mais astutos e, por que não dizer, inescrupulosos, que fazem parte de uma extrema minoria, aproveitam para ofertar algo que não existe ou que já sabem que não poderão entregar. Mesmo com toda a regulamentação desse comércio, é preciso que o consumidor tenha muito cuidado, até mesmo pela falta de contato físico.

Todas as **previsões legais** que vimos também servem para o **comércio eletrônico**, no que couber, mas essa prática está contemplada sua legislação especial. Trata-se do Decreto n. 7.962, de 15 de março de 2013 (Brasil, 2013).

De início, a legislação especial determina sua abrangência, informando que dispõe sobre a obrigação de haver informações claras e precisas sobre o produto e o serviço, bem como sobre quem os fornece, sobre o atendimento que deve ser facilitado ao consumidor e sobre seu direito de arrependimento. Além disso, esclarece alguns pontos, sendo necessário abordá-los.

O Decreto n. 7.962/2013 determina que, nas páginas ou em qualquer outro meio eletrônico utilizado pelo fornecedor para oferecer seus produtos ou serviços e, posteriormente, contratar suas vendas, devem constar algumas informações destacadas em local de fácil visualização, assim elencadas em seu art. 2º:

> I – nome empresarial e número de inscrição do fornecedor, quando houver, no Cadastro Nacional de Pessoas Físicas ou no Cadastro Nacional de Pessoas Jurídicas do Ministério da Fazenda;
> II – endereço físico e eletrônico, e demais informações necessárias para sua localização e contato;
> III – características essenciais do produto ou do serviço, incluídos os riscos à saúde e à segurança dos consumidores;
> IV – discriminação, no preço, de quaisquer despesas adicionais ou acessórias, tais como as de entrega ou seguros;
> V – condições integrais da oferta, incluídas modalidades de pagamento, disponibilidade, forma e prazo da execução do serviço ou da entrega ou disponibilização do produto; e
> VI – informações claras e ostensivas a respeito de quaisquer restrições à fruição da oferta. (Brasil, 2013)

A nosso ver, são exigidas informações básicas. Contudo, infelizmente, essas informações ainda não são disponibilizadas por muitos fornecedores, mesmo os de boa-fé, talvez até por desconhecimento.

Em tratando de *sites* de compras coletivas ou equivalentes –, como já sabemos, existem vários oferecendo desde refeições em restaurante até viagens e acomodações em hotéis que talvez você já tenha utilizado. Nestes também devem constar, conforme o art. 3º do mesmo decreto:

> I – quantidade mínima de consumidores para a efetivação do contrato;
> II – prazo para utilização da oferta pelo consumidor; e
> III – identificação do fornecedor responsável pelo sítio eletrônico e do fornecedor do produto ou serviço ofertado, nos termos dos incisos I e II do art. 2º. (Brasil, 2013)

Nesse tipo de venda, o *site* que fornece o produto ou o serviço negocia com quem efetivamente vai fornecê-los um preço bem menor do que aquele que é oferecido direta e individualmente ao consumidor. Entretanto, para que possa garanti-lo, normalmente o fornecedor exige um número mínimo de compradores e estipula um prazo de validade para a oferta, sendo que todas essas informações, bem como as demais, relativas a esse comércio, devem ser disponibilizadas claramente ao consumidor.

Com relação ao contrato eletrônico, trataremos desse tema em seguida.

## 6.2 Dos contratos de consumo

O contrato firmado entre o fornecedor e o consumidor guarda todas as características gerais de qualquer contrato. Nele devem estar presentes, acima de tudo, a **boa-fé** e o **consensualismo** ou **mútuo consentimento** das partes, bem como os **requisitos de validade** do negócio jurídico, sendo o agente capaz; o **objeto** deve ser lícito, possível, determinado ou determinável e a forma deve ser prescrita ou não defesa em lei – nesse particular, até os contratos firmados verbalmente têm a mesma validade (Brasil, 2002). Tudo isso já foi abordado por nós na teoria geral dos contratos, no Capítulo 1.

Aproveitaremos, então, para discorrer sobre suas particularidades.

Já sabemos que o CDC tem por objetivo a proteção geral e irrestrita do consumidor em face do fornecedor na relação de consumo, em virtude, normalmente, de hipossuficiência e de sua vulnerabilidade. Então, os contratos firmados entre ambos devem ter essa vertente, dispondo de cláusulas protetivas à parte mais frágil dessa relação, sendo-lhe também mais favoráveis suas interpretações.

Ao iniciar o capítulo que dispõe sobre as regras contratuais, o CDC já deixa evidenciada a obrigação de serem os contratos de fácil compreensão em todos os seus aspectos, especialmente em relação ao seu sentido e alcance, ou que seu conteúdo seja disponibilizado com antecedência ao consumidor, sob pena de não ficar este obrigado a cumpri-lo.

No mais das vezes, o consumidor que está pensando em adquirir algum produto vai procurá-lo em vários estabelecimentos, pedindo para que o vendedor anote em algum papel seu preço e suas características, para fazer as comparações e, posteriormente, optar por aquele que lhe convier, não é verdade? Tais anotações têm validade legal, bem como tudo aquilo que tenha sido repassado como **informação** sobre o produto ao consumidor, obrigando o fornecedor a honrá-lo.

E o consumidor, após algum tempo, fazendo suas reflexões sobre a compra efetuada, tem o direito de **desistir** do negócio?

É o **direito de arrependimento**, o qual, independentemente de defeito ou de vício no produto ou no serviço, pode ser exercitado pelo consumidor no prazo máximo de sete dias, contados a partir da data da assinatura do contrato ou do efetivo recebimento do produto ou da prestação do serviço, nos casos em que tenham sido contratados em local distinto do estabelecimento comercial – são aquelas compras normalmente realizadas por telefone ou pelo *e-commerce**, que você já é experiente em fazer, regulamentadas pelo Decreto n. 7.962/2013, já comentado por nós, quando da explanação das ofertas. Mas esses tipos de compra também determinam algumas obrigações especiais em relação aos contratos.

> *Arrepender-se do negócio efetuado significa dizer que o consumidor fica desobrigado de qualquer obrigação acessória que possa existir no contrato, sem qualquer ônus.*

As palavras de Nunes (2013, p. 572) nos explicam que "nesse tipo de aquisição o pressuposto é que o consumidor está ainda mais desprevenido e despreparado para comprar do que quando decide pela compra e, ao tomar a iniciativa de fazê-la, vai até o estabelecimento".

Agindo assim e dentro desse prazo, se o consumidor já tiver pago algum valor, mesmo que parcialmente ou a título de adiantamento, este deverá ser devolvido – devidamente atualizado, se for o caso. Segundo Alcantara e Veneral (2020, p. 319), "havendo a desistência do produto por parte do consumidor, será como se não tivesse existido o negócio entre as partes. Se houver, ainda, despesas para a devolução do produto, estas ficarão a cargo do vendedor".

Ainda sobre o direito de arrependimento do consumidor, é dever do fornecedor informá-lo claramente dessa possibilidade, indicando-lhe o caminho a ser percorrido para sua efetivação por meio dos instrumentos e mecanismos adequados. Estes, a princípio, podem ser os

---

\* *E-commerce* é o comércio virtual, a venda realizada fora do estabelecimento comercial físico do fornecedor. São as compras efetuadas pela internet.

mesmos canais utilizados na contratação, mas fica a critério do consumidor optar por outros.

Arrepender-se do negócio efetuado significa dizer que o consumidor fica desobrigado de qualquer obrigação acessória que possa existir no contrato, **sem qualquer ônus**. Seu arrependimento deve ser comunicado à instituição financeira ou à administradora do cartão de crédito, responsável pelo pagamento da operação, que então estornará o valor debitado ou não fará o lançamento – dependendo do caso –, evitando, assim, qualquer prejuízo ao consumidor.

A contratação por meio eletrônico guarda algumas peculiaridades, além daquelas gerais e obrigatórias para todo e qualquer tipo de contrato:

» É preciso que seja apresentada ao consumidor, antes da efetivação do negócio, uma prévia daquilo que vai contratar, mesmo que sucinta, mas que contenha as informações básicas e necessárias. Devem estar claras, principalmente, as situações que restrigem seus direitos, se for o caso, para que possa livremente escolher pela contratação ou não.

» Aceitando o consumidor a oferta do fornecedor, este deve confirmá-la de imediato. Depois de efetivado o negócio, deve elaborar e disponibilizar imediatamente o contrato, de modo que o consumidor possa reproduzi-lo ou conservá-lo a seu critério.

» Mesmo que não fosse obrigação – mas o é –, necessário se faz que o fornecedor mantenha e forneça ao consumidor instrumentos e serviços, por meios eletrônicos, que facilitem e possibilitem a resolução de eventuais problemas relativos a informações e dúvidas. Deve informá-lo, também, sobre como poderá fazer suas reclamações e sobre como deverá proceder nos casos em que decidir suspender ou cancelar o negócio, além daqueles meios capazes de fazê-lo identificar e corrigir falhas acontecidas nas fases anteriores.

» Tendo o consumidor feito qualquer declaração ou pedido, o fornecedor deve acusar de imediato seu recebimento pela mesma via de comunicação estabelecida por ele ou no prazo máximo de cinco dias.

» Ao mesmo tempo, o fornecedor deve dispor de estrutura de segurança capaz de assegurar o sigilo dos dados do consumidor e que lhe dê garantias nos pagamentos que deverá efetuar.

Sabemos, também, que o produto ou serviço goza de determinada garantia em relação aos seus vícios ou defeitos, como já vimos no tópico anterior. No entanto, se, mesmo assim, o fornecedor quiser complementá-la, demonstrando realmente que o que está vendendo comporta qualidade, de modo a ganhar a confiança do consumidor, poderá fazê-lo, mas isso terá de ser por escrito, devendo o documento ser fornecido ao consumidor imediatamente ao fechamento do negócio. Devem constar todas as informações relevantes e necessárias da garantia – como prazo, forma etc. – de maneira clara, que facilite sua compreensão e entendimento, sob pena de, além de se contrariarem as normas do CDC, caracterizar-se conduta atípica, prevista no mesmo diploma legal, estando o fornecedor, pois, sujeito a sanções administrativas e penais.

### 6.2.1 Cláusulas abusivas

Nos dias de hoje – e diríamos que principalmente após o início da vigência do CDC –, o encontro de normas abusivas nos contratos se torna muito mais difícil, mas não impossível. Antes disso, porém, era comum que os contratos, normalmente elaborados pelo fornecedor, contivessem "cláusulas leoninas"*, inclusive com conteúdo em

---

\* As chamadas *cláusulas leoninas* são as cláusulas contratuais abusivas que, no contrato de consumo, prejudicam diretamente o consumidor, terminantemente proibidas pelo CDC.

letras miúdas, que dificultavam sua leitura, com obrigações praticamente impossíveis de serem cumpridas.

Todavia, para coibir essa prática, o CDC informa que as disposições contratuais que afrontem suas diretrizes e as dos demais diplomas legais relativas à matéria serão consideradas **abusivas**. Também determina algumas proibições, em seu art. 51, considerando como nulas de pleno direito as cláusulas que, nos contratos de fornecimento de produto ou serviço:

> I – impossibilitem, exonerem ou atenuem a responsabilidade do fornecedor por vícios de qualquer natureza dos produtos e serviços ou impliquem renúncia ou disposição de direitos.
> Nas relações de consumo entre o fornecedor e o consumidor pessoa jurídica, a indenização poderá ser limitada, em situações justificáveis;
> II – subtraiam ao consumidor a opção de reembolso da quantia já paga, nos casos previstos neste código;
> III – transfiram responsabilidades a terceiros;
> IV – estabeleçam obrigações consideradas iníquas, abusivas, que coloquem o consumidor em desvantagem exagerada, ou sejam incompatíveis com a boa-fé ou a equidade;
> V – (Vetado);
> VI – estabeleçam inversão do ônus da prova em prejuízo do consumidor;
> VII – determinem a utilização compulsória de arbitragem;
> VIII – imponham representante para concluir ou realizar outro negócio jurídico pelo consumidor;
> IX – deixem ao fornecedor a opção de concluir ou não o contrato, embora obrigando o consumidor;
> X – permitam ao fornecedor, direta ou indiretamente, variação do preço de maneira unilateral;
> XI – autorizem o fornecedor a cancelar o contrato unilateralmente, sem que igual direito seja conferido ao consumidor;

> XII – obriguem o consumidor a ressarcir os custos de cobrança de sua obrigação, sem que igual direito lhe seja conferido contra o fornecedor;
> XIII – autorizem o fornecedor a modificar unilateralmente o conteúdo ou a qualidade do contrato, após sua celebração;
> XIV – infrinjam ou possibilitem a violação de normas ambientais;
> XV – estejam em desacordo com o sistema de proteção ao consumidor;
> XVI – possibilitem a renúncia do direito de indenização por benfeitorias necessárias.
> XVII – condicionem ou limitem de qualquer forma o acesso aos órgãos do Poder Judiciário; (Incluído pela Lei nº 14.181, de 2021)
> XVIII – estabeleçam prazos de carência em caso de impontualidade das prestações mensais ou impeçam o restabelecimento integral dos direitos do consumidor e de seus meios de pagamento a partir da purgação da mora ou do acordo com os credores; (Incluído pela Lei nº 14.181, de 2021)
> XIX – (VETADO). (Incluído pela Lei nº 14.181, de 2021)
> (Brasil, 1990a)

O rol de proibições é extenso e exemplificativo. Caso o contrato contenha alguma cláusula ou condição que prejudique o consumidor e que não esteja aqui relacionada, da mesma maneira será considerada abusiva.

Talvez você já tenha firmado um contrato de consumo, como fornecedor ou consumidor, no qual estivesse presente alguma dessas situações – e não havia percebido sua abusividade, o que não é relevante para a responsabilização do fornecedor. É importante fazermos algumas considerações, pelo menos sobre parte dessa relação.

De maneira geral, qualquer cláusula que indique a renúncia do consumidor a seus direitos está **proibida**, assim como aquelas que eximam o fornecedor de suas responsabilidades, que as amenizem de alguma forma ou que as transfiram para terceiros, pois são pessoais.

Já foi objeto de nosso estudo a possibilidade de arrependimento do negócio por parte do consumidor, o que lhe dá direito a ser reembolsado pelo valor já pago, independentemente de que título tenha sido. Estando presentes no contrato cláusulas que retirem esse direito de reembolso – como o de outros direitos previstos na lei –, serão elas abusivas. Constando no contrato obrigações a serem cumpridas pelo consumidor que sejam injustas, que o onerem excessivamente ou mesmo que afrontem o equilíbrio contratual e a boa-fé, estas serão também consideradas abusivas.

Em momento anterior, abordamos a possibilidade de inversão do ônus da prova nos casos em que houver verossimilhança nas alegações do consumidor ou quando este for hipossuficiente, o que acontece na maioria dos contratos de consumo. Isso é um **direito previsto no CDC** – e, como tal, está implícito em todo e qualquer contrato consumerista –, não podendo uma cláusula contratual reconsiderar tal inversão em prejuízo do consumidor.

Existem algumas formas de pacificação social, por meio da solução de conflitos. Entre elas estão a **jurisdição**, exercida pelo Estado por meio do Poder Judiciário, e a **arbitragem**, quando se tratar de direitos patrimoniais disponíveis – como o são os de consumo –, caso em que as próprias partes já deverão indicar de início, em seu contrato, que se utilizarão desse meio para resolver litígio advindo de sua relação.

> *Qualquer cláusula que indique a renúncia do consumidor a seus direitos está proibida, assim como aquelas que eximam o fornecedor de suas responsabilidades, que as amenizem de alguma forma ou que as transfiram para terceiros.*

Uma coisa é as partes optarem, por mútuo consentimento, pela arbitragem. Outra é **obrigar o consumidor a aceitá-la**, o que é **proibido**, sendo considerada esta uma prática abusiva. O contrato tampouco pode obrigar o consumidor a aceitar que o fornecedor possa ou não concluí-lo ou que lhe permita alterar o valor ajustado ou realizar alguma alteração ou, até mesmo, seu cancelamento unilateralmente.

Tendo sofrido dano ou prejuízo na relação de consumo, o consumidor tem direito à devida indenização por benfeitorias necessárias*. Esse direito não pode ser renunciado em contrato.

Outro cuidado que se deve ter quanto às cláusulas contratuais está relacionado ao maior patrimônio da humanidade. Você sabe qual é?

Claro que sabe, é o **meio ambiente**. Por assim ser, todas as pessoas, físicas ou jurídicas, no mundo todo, estão obrigadas a preservá-lo de maneira sustentável, para que dele se aproveitem as gerações presentes e futuras. Existem normas ambientais nacionais e internacionais sobre o tema, não tendo cabimento, por conseguinte, que cláusula contratual afronte tais normas.

## 6.3 Da defesa do consumidor em juízo

Examinados os direitos básicos do consumidor, os contratos de consumo e as práticas consideradas abusivas, chegou o momento de mostrarmos as possíveis **defesas** que o consumidor poderá fazer na busca de seus direitos, quando for prejudicado pelo fornecedor.

---

\* "Art. 96. As benfeitorias podem ser voluptuárias, úteis ou necessárias.
[...]
§ 3º São necessárias as que têm por fim conservar o bem ou evitar que se deteriore." (Brasil, 2002)

Se o consumidor sofrer alguma lesão por parte do fornecedor **individualmente**, poderá buscar sozinho seus direitos ou, sendo patrocinado por um advogado, dependendo do caso, poderá utilizar os mecanismos processuais dispostos na legislação. Para tal, deverá buscar a tutela jurisdicional, ou seja, a ajuda do Poder Judiciário para a satisfação de sua pretensão – tanto da Justiça Comum como dos Juizados Especiais.

Já se a lesão foi suportada **coletivamente**, esses direitos serão pleiteados judicialmente de maneira distinta. É o que veremos aqui.

Talvez ainda haja dúvidas no entendimento em relação à **defesa coletiva**. Para que isso não aconteça, o CDC, em seu art. 81, assim esclarece:

> I – interesses ou direitos difusos, assim entendidos, para efeitos deste código, os transindividuais, de natureza indivisível, de que sejam titulares pessoas indeterminadas e ligadas por circunstâncias de fato;
> II – interesses ou direitos coletivos, assim entendidos, para efeitos deste código, os transindividuais, de natureza indivisível de que seja titular grupo, categoria ou classe de pessoas ligadas entre si ou com a parte contrária por uma relação jurídica base;
> III – interesses ou direitos individuais homogêneos, assim entendidos os decorrentes de origem comum. (Brasil, 1990a)

Explicando melhor, podemos afirmar que os **direitos transindividuais** são aqueles que **transcendem a esfera individual**, que não são de uma pessoa somente, mas de várias ao mesmo tempo. São **difusos** os direitos transindividuais indivisíveis, de pessoas indeterminadas, não havendo como identificar a pessoa lesada, razão pela qual devem ser consideradas como um todo, abrangendo um grupo ou uma comunidade formada por indivíduos que estão ligados a uma circunstância de fato, comum a toda essa comunidade. Um exemplo clássico é o de uma campanha publicitária inserida em uma mídia muito conhecida e de acesso a um número relativo de pessoas a qual traz informações enganosas e abusivas, prejudicando uma coletividade inteira, mas de pessoas indeterminadas.

Por sua vez, os **direitos coletivos** também são transindividuais indivisíveis, pertencentes a um grupo de pessoas ou a uma classe que, a princípio, é formada por indivíduos indeterminados, mas facilmente delineáveis e que têm entre si a mesma relação jurídica ou foram ofendidos pelo mesmo fornecedor. Ilustramos essa noção com o exemplo trazido por Nunes (2013, p. 758): "a qualidade de ensino oferecido por uma escola é tipicamente direito coletivo. Ela, a qualidade, é direito de todos os alunos indistintamente, mas, claro, afeta cada aluno em particular".

Já os **direitos individuais homogêneos** têm origem comum e, por mais que sejam de interesse de um grupo, são individuais e divisíveis. Cada uma das pessoas lesadas, que são determinadas, possui o mesmo direito, pois foram afetadas pela mesma lesão. Imagine você, como exemplo, um trem desgovernado que descarrila e mata uma dezena de pessoas.

Algumas pessoas ou alguns entes estão legitimados a ingressar em juízo na busca dos direitos coletivos em seus próprios nomes, ingressando com qualquer tipo de ação possível e que entendam ser mais eficaz:

» O **Ministério Público (MP)**, que, se não ingressar com a ação em seu nome, atuará como *custos legis**. Sua legitimidade também é disposição prevista no art. 129, inciso III, da Constituição Federal.

» A **União**, os **estados**, os **municípios** e o **Distrito Federal**, como pessoas jurídicas de direito público.

---

* *Custos legis* é uma das funções do MP, a de fiscalizar a aplicação da lei.

» As **entidades** e **órgãos** da **Administração Pública**, direta ou indireta – mesmo que sem personalidade jurídica –, que tenham a prerrogativa de defender o consumidor.

» As **associações** que contemplem em seus estatutos, conforme seus objetivos institucionais, a **defesa do consumidor** e que tenham, no mínimo, um ano de constituição, podendo este último requisito ser dispensado a depender do relevante interesse social.

Nesse diapasão, lecionam e Dinamarco, Lopes e Badaró (2021, p. 90): "Inserem na facilitação do acesso à justiça, mediante a legitimação do Ministério Público e de corpos intermediários, todas as regras para a defesa de interesses difusos e coletivos, de que a nova Constituição é extremamente rica".

Determina o CDC que, nas ações coletivas, não deve haver o adiantamento de custas nem a cobrança antecipada de qualquer despesa relativa ao processo.

Mas o que vem a ser um **processo coletivo**?

Consoante o magistério de Didier Jr. e Zaneti Jr. (2022, p. 44),

> *Conceitua-se processo coletivo como aquele instaurado por ou em face de um legitimado autônomo, em que se postula um direito coletivo* lato sensu *ou se afirma a existência de uma situação jurídica coletiva passiva, com o fito de obter um provimento jurisdicional que atingirá uma coletividade, um grupo ou um determinado número de pessoas [...].*

A **ação civil pública** é o instrumento jurídico-processual normalmente utilizado para as demandas coletivas da seara consumerista, disciplinada pela Lei n. 7.347, de 24 de julho de 1985 (Brasil, 1985).

Quando o que busca o consumidor é a obrigação de fazer ou não fazer por parte do fornecedor – tendo como exemplo de obrigação de fazer a retirada do nome do consumidor dos cadastros de maus pagadores, inserido indevidamente, e de obrigação de não fazer deixar de cobrar o consumidor como está fazendo, de maneira acintosa, constrangendo-o ilegalmente, em seu ambiente de trabalho –, a decisão judicial será exatamente nesse sentido, podendo determinar algumas providências para que realmente seja cumprida. Entre elas estão busca e apreensão, remoção de coisas e pessoas, bem como imposição de multa diária.

Se o consumidor conseguir demonstrar que seu pedido é relevante e que há iminente risco de que sofra um prejuízo maior em virtude da demora em ser deferida a sentença, o juiz poderá conceder o pedido liminarmente, sem ouvir o fornecedor, ou após justificação prévia, citando-o.

Portanto, o consumidor pode demandar judicialmente tanto em ação individual quanto coletiva, buscando sua pretensão de acordo com a situação concreta e com as previsões legais, ora apresentadas.

## 6.4 Da prevenção e do tratamento do superendividamento

A Lei n. 14.181, de 1º de julho de 2021 (Brasil, 2021a), alterou o CDC ao inserir um capítulo especial sobre a prevenção e o tratamento do superendividamento.

Portanto, é de extrema importância abordarmos também, e particularmente, essa questão.

Mas o que é o superendividamento?

É muito simples o entendimento do que a lei considera superendividamento. Tal situação pode ser caracterizada quando o consumidor, pessoa física (vale ressaltar que somente a pessoa natural pode utilizar estas disposições), tendo agido de boa-fé, não conseguir saldar a totalidade de suas dívidas de consumo, tanto as vencidas quanto as a vencer, sem que haja o comprometimento de seu mínimo existencial.

Nessas dívidas, estão compreendidas também aquelas relativas a compromissos financeiros assumidos decorrentes de relação de consumo, inclusive operações de crédito, compras a prazo e serviços de prestação continuada.

Quanto ao superendividamento no âmbito da prevenção, destacamos e transcrevemos dois artigos inseridos pela Lei n. 14.181/2021 no CDC:

> Art. 54-B. No fornecimento de crédito e na venda a prazo, além das informações obrigatórias previstas no art. 52 deste Código e na legislação aplicável à matéria, o fornecedor ou o intermediário deverá informar o consumidor, prévia e adequadamente, no momento da oferta, sobre: (Incluído pela Lei nº 14.181, de 2021)
> I – o custo efetivo total e a descrição dos elementos que o compõem; (Incluído pela Lei nº 14.181, de 2021)
> II – a taxa efetiva mensal de juros, bem como a taxa dos juros de mora e o total de encargos, de qualquer natureza, previstos para o atraso no pagamento; (Incluído pela Lei nº 14.181, de 2021)
> III – o montante das prestações e o prazo de validade da oferta, que deve ser, no mínimo, de 2 (dois) dias; (Incluído pela Lei nº 14.181, de 2021)
> IV – o nome e o endereço, inclusive o eletrônico, do fornecedor; (Incluído pela Lei nº 14.181, de 2021)
> V – o direito do consumidor à liquidação antecipada e não onerosa do débito, nos termos do § 2º do art. 52 deste Código e da regulamentação em vigor. (Incluído pela Lei nº 14.181, de 2021)
> § 1º As informações referidas no art. 52 deste Código e no caput deste artigo devem constar de forma clara e resumida do próprio contrato, da fatura ou de instrumento apartado, de fácil acesso ao consumidor. (Incluído pela Lei nº 14.181, de 2021)

§ 2º Para efeitos deste Código, o custo efetivo total da operação de crédito ao consumidor consistirá em taxa percentual anual e compreenderá todos os valores cobrados do consumidor, sem prejuízo do cálculo padronizado pela autoridade reguladora do sistema financeiro. (Incluído pela Lei nº 14.181, de 2021)

§ 3º Sem prejuízo do disposto no art. 37 deste Código, a oferta de crédito ao consumidor e a oferta de venda a prazo, ou a fatura mensal, conforme o caso, devem indicar, no mínimo, o custo efetivo total, o agente financiador e a soma total a pagar, com e sem financiamento. (Incluído pela Lei nº 14.181, de 2021)

[...]

Art. 54-D. Na oferta de crédito, previamente à contratação, o fornecedor ou o intermediário deverá, entre outras condutas: (Incluído pela Lei nº 14.181, de 2021)

I – informar e esclarecer adequadamente o consumidor, considerada sua idade, sobre a natureza e a modalidade do crédito oferecido, sobre todos os custos incidentes, observado o disposto nos arts. 52 e 54-B deste Código, e sobre as consequências genéricas e específicas do inadimplemento; (Incluído pela Lei nº 14.181, de 2021)

II – avaliar, de forma responsável, as condições de crédito do consumidor, mediante análise das informações disponíveis em bancos de dados de proteção ao crédito, observado o disposto neste Código e na legislação sobre proteção de dados; (Incluído pela Lei nº 14.181, de 2021)

III – informar a identidade do agente financiador e entregar ao consumidor, ao garante e a outros coobrigados cópia do contrato de crédito. (Incluído pela Lei nº 14.181, de 2021)

> Parágrafo único. O descumprimento de qualquer dos deveres previstos no caput deste artigo e nos arts. 52 e 54-C deste Código poderá acarretar judicialmente a redução dos juros, dos encargos ou de qualquer acréscimo ao principal e a dilação do prazo de pagamento previsto no contrato original, conforme a gravidade da conduta do fornecedor e as possibilidades financeiras do consumidor, sem prejuízo de outras sanções e de indenização por perdas e danos, patrimoniais e morais, ao consumidor. (Incluído pela Lei nº 14.181, de 2021) (Brasil, 1990a)

Sabemos que muitas pessoas agem por compulsão na hora da compra, gerando dificuldades para pagar os débitos contraídos posteriormente; também sabemos que, normalmente, quem faz a venda pouco se preocupa com essa questão. No entanto, com as disposições legais, intenta-se que o fornecedor aja de maneira diferente, sem, é claro, esquecer que também o consumidor se conscientize e gaste somente naquilo que tenha necessidade e/ou que possa pagar.

# Síntese

Neste capítulo, analisamos a oferta do produto e do serviço, esclarecendo de que maneira pode o fornecedor expor e, literalmente, ofertar seu produto ou serviço.

Vimos também o contrato de consumo como o elo que liga o consumidor ao fornecedor nessa relação, trazendo as formas como os contratos podem ser firmados. Finalizamos o capítulo com o exame das ações judiciais que podem ser utilizadas pelo consumidor para pleitear seus direitos em juízo, bem como a preocupação do CDC em prevenir e tratar o superendividamento.

# Questões para revisão

1) O fornecedor pode oferecer seu produto ou serviço da forma que mais lhe aprouver?

2) O contrato de consumo apresenta os mesmos requisitos de validade do negócio jurídico? Em caso afirmativo, quais são eles?

3) O CDC também garante os direitos transindividuais indivisíveis, de pessoas indeterminadas, quando não se consegue identificar a pessoa lesada. Tal direito é chamado de:
   a. direito coletivo.
   b. direito difuso.
   c. direito individual homogêneo.
   d. direito de terceiros.
   e. direito pessoal.

4) Algumas pessoas ou alguns entes estão legitimados a ingressar em juízo na busca pelos direitos coletivos em seus próprios nomes, ingressando com qualquer tipo de ação possível e que entendam ser mais eficaz. Está(ão) entre esses entes ou essas pessoas:
   a. as sociedades empresariais.
   b. qualquer tipo de sociedade.
   c. o Ministério Público.
   d. qualquer pessoa.
   e. somente as associações de classe.

5) Nas compras pela internet, está presente o direito de arrependimento, que dá ao consumidor a prerrogativa de desfazer o negócio, independentemente de vício ou defeito no produto ou no serviço, no prazo de:
   a. 30 dias, contados da data de assinatura do contrato.
   b. 7 dias, contados da data de recebimento do produto.

c. 30 dias, contados da data do recebimento do produto.
d. 7 dias, sempre contados da data de assinatura do contrato.
e. 15 dias, contados da data de recebimento do produto.

## Questões para reflexão

1) O direito de arrependimento deveria poder ser exercitado em um prazo maior?

2) Como você acha que o consumidor deve se portar quando encontra uma oferta de produto ou serviço não condizente com o que determina a legislação?

## Para saber mais

Para conhecer um pouco mais sobre os assuntos de que tratamos nesta segunda parte do livro, indicamos algumas obras que reputamos muito interessantes:

DINIZ, M. H. **Curso de direito civil brasileiro**: responsabilidade civil. 27. ed. São Paulo: Saraiva, 2010. v. 7.

MARQUES, C. L. **Contratos no Código de Defesa do Consumidor**: o novo regime das relações contratuais. 9. ed. São Paulo: Revista dos Tribunais, 2019.

NUNES, L. A. R. **Comentários ao Código de Defesa do Consumidor**. 8. ed. São Paulo: Saraiva, 2013.

# Consultando a legislação

Temos certeza de que você quer conhecer um pouco mais sobre as bases jurídicas inerentes à relação de consumo. Sugerimos, então, que acesse e consulte a legislação indicada a seguir.

BRASIL. Decreto n. 2.181, de 20 de março de 1997. **Diário Oficial da União**, Poder Executivo, Brasília, DF, 21 mar. 1997. Disponível em: <http://www.planalto.gov.br/ccivil_03/decreto/d2181.htm>. Acesso em: 28 set. 2022.

BRASIL. Decreto n. 5.903, de 20 de setembro de 2006. **Diário Oficial da União**, Poder Executivo, Brasília, DF, 21 set. 2006. Disponível em: <http://www.planalto.gov.br/ccivil_03/_ato2004-2006/2006/Decreto/D5903.htm>. Acesso em: 28 set. 2022.

BRASIL. Decreto n. 7.962, de 15 de março de 2013. **Diário Oficial da União**, Poder Executivo, Brasília, DF, 15 mar. 2013. Disponível em: <http://www.planalto.gov.br/ccivil_03/_ato2011-2014/2013/decreto/d7962.htm>. Acesso em: 28 set. 2022.

BRASIL. Lei n. 8.078, de 11 de setembro de 1990. **Diário Oficial da União**, Poder Legislativo, Brasília, DF, 12 set. 1990. Disponível em: <http://www.planalto.gov.br/ccivil_03/leis/l8078.htm>. Acesso em: 28 set. 2022.

É com muita alegria que finalizamos nosso livro. Chegar a este momento é sinal de que você analisou tudo aquilo que propusemos trazer, de maneira didática e dialógica, em nosso estudo.

A abordagem de cada um dos institutos contemplados nos capítulos da primeira parte da obra – especialmente o empresário, a empresa e o estabelecimento – foi destinada à compreensão do direito comercial, modernamente intitulado *direito empresarial*.

Procuramos evidenciar que o empresário pode explorar a atividade por ele escolhida, podendo esta ser comercial, industrial ou de prestação de serviços, individual ou coletivamente, sendo ou não regular. Ao tratarmos do estabelecimento comercial, destacamos os bens que o compõem. Em relação às sociedades, analisamos as simples e as empresárias, cada uma com suas características e peculiaridades.

Na segunda parte do livro, abordamos o direito do consumidor, examinando sua legislação particular. Nossa base de trabalho foi o Código de Defesa do Consumidor (CDC), mas utilizamos todos os diplomas legais relativos à matéria, trazendo de cada um o que pudesse ser somado à compreensão dos conteúdos trazidos.

considerações finais

Esmiuçamos os direitos básicos do consumidor e as responsabilidades do fornecedor de produtos e serviços, esclarecendo os tipos de infrações que este último está sujeito a cometer e suas devidas sanções. Apresentamos também os mecanismos de defesa que o consumidor pode utilizar para buscar seus direitos.

Dessa forma, sem querer esgotar a análise dos institutos propostos, o presente estudo trouxe ao debate muito do que o empresário faz ou pode fazer na exploração de sua atividade econômica, desde a abertura de sua empresa, destacando os contratos de que pode utilizar-se para o melhor desenvolvimento de seu negócio.

Por outro lado, também considerando o empresário sob a ótica do fornecedor, evidenciamos as tratativas que este deve ter quando ajusta com o consumidor a relação de consumo para ofertar e vender seu produto ou serviço.

Reiteramos que nosso objetivo maior foi o de trazer o estudo de dois importantes ramos do direito, com uma linguagem mais popular, que o ajudasse a entender mais tranquilamente os temas propostos – e, assim, esperamos ter atingido nossa meta.

# lista de siglas

CC – Código Civil
CDC – Código de Defesa do Consumidor
CF – Constituição Federal
Cia. – Companhia
CNPJ – Cadastro Nacional de Pessoas Jurídicas
Core – Conselho Regional dos Representantes Comerciais
CP – Código Penal
CPF – Cadastro de Pessoas Físicas
CPI – Código de Propriedade Industrial
CTN – Código Tributário Nacional
CVM – Comissão de Valores Mobiliários
Drei – Departamento de Registro Empresarial e Integração
EPP – Empresa de pequeno porte
Inpi – Instituto Nacional da Propriedade Industrial
ME – Microempresa
MP – Ministério Público
Nire – Número de Identificação de Registro de Empresa
ON – Ações ordinárias
PN – Ações preferenciais
Procon – Fundação de Proteção e Defesa do Consumidor

S/A – Sociedade anônima
Sinrem – Sistema Nacional de Registro de Empresas Mercantis
SNDC – Serviço Nacional de Defesa do Consumidor
SRFB – Secretaria da Receita Federal do Brasil
S/S – Sociedade simples
VRG – Valor residual garantido

BANDEIRA DE MELLO, C. A. **Curso de direito administrativo**. 35. ed. rev. e ampl. São Paulo: Malheiros, 2021.

BERTOLDI, M. M.; RIBEIRO, M. C. P. **Curso avançado de direito comercial**. 12. ed. São Paulo: Revista dos Tribunais, 2022.

BEVILÁQUA, C. **Código Civil dos Estados Unidos do Brasil comentado**. 4. ed. Rio de Janeiro: F. Alves, 1934.

BRASIL. Constituição (1988). **Diário Oficial da União**, Brasília, DF, 5 out. 1988. Disponível em: <http://www.planalto.gov.br/ccivil_03/Constituicao/Constituicao.htm>. Acesso em: 30 set. 2022.

BRASIL. Decreto n. 1.800, de 30 de janeiro de 1996. **Diário Oficial da União**, Poder Executivo, Brasília, DF, 31 jan. 1996a. Disponível em: <http://www.planalto.gov.br/ccivil_03/decreto/D1800.htm>. Acesso em: 30 set. 2022.

BRASIL. Decreto n. 2.181, de 20 de março de 1997. **Diário Oficial da União**, Poder Executivo, Brasília, DF, 21 mar. 1997. Disponível em: <http://www.planalto.gov.br/ccivil_03/decreto/d2181.htm>. Acesso em: 30 set. 2022.

BRASIL. Decreto n. 5.903, de 20 de setembro de 2006. **Diário Oficial da União**, Poder Executivo, Brasília, DF, 21 set. 2006a. Disponível em: <http://www.planalto.gov.br/ccivil_03/_ato2004-2006/2006/Decreto/D5903.htm>. Acesso em: 30 set. 2022.

BRASIL. Decreto n. 7.962, de 15 de março de 2013. **Diário Oficial da União**, Poder Executivo, Brasília, DF, 15 mar. 2013. Disponível em: <http://www.planalto.gov.br/ccivil_03/_ato2011-2014/2013/decreto/d7962.htm>. Acesso em: 30 set. 2022.

BRASIL. Decreto-Lei n. 2.848, de 7 de dezembro de 1940. **Diário Oficial da União**, Poder Executivo, Rio de Janeiro, 31 dez. 1940. Disponível em: <http://www.planalto.gov.br/ccivil_03/decreto-lei/del2848.htm>. Acesso em: 30 set. 2022.

BRASIL. Lei Complementar n. 123, de 14 de dezembro de 2006. **Diário Oficial da União**, Poder Legislativo, Brasília, DF, 15 dez. 2006b. Disponível em: <http://www.planalto.gov.br/ccivil_03/leis/lcp/lcp123.htm>. Acesso em: 30 set. 2022.

BRASIL. Lei n. 556, de 25 de junho de 1850. **Colleção das Leis do Império do Brasil**, Poder Executivo, 1850. Disponível em: <http://www.planalto.gov.br/ccivil_03/leis/l0556-1850.htm>. Acesso em: 30 set. 2022.

BRASIL. Lei n. 1.060, de 5 de fevereiro de 1950. **Diário Oficial da União**, Poder Legislativo, Brasília, DF, 13 fev. 1950. Disponível em: <http://www.planalto.gov.br/ccivil_03/leis/l1060.htm>. Acesso em: 30 set. 2022.

BRASIL. Lei n. 4.886, de 9 de dezembro de 1965. **Diário Oficial da União**, Poder Legislativo, Brasília, DF, 10 dez. 1965. Disponível em: <http://www.planalto.gov.br/ccivil_03/LEIS/L4886.htm>. Acesso em: 30 set. 2022.

BRASIL. Lei n. 5.172, de 25 de outubro de 1966. **Diário Oficial da União**, Poder Legislativo, Brasília, DF, 27 out. 1966. Disponível em: <http://www.planalto.gov.br/ccivil_03/leis/l5172.htm>. Acesso em: 30 set. 2022.

BRASIL. Lei n. 5.474, de 18 de julho de 1968. **Diário Oficial da União**, Poder Legislativo, Brasília, DF, 19 jul. 1968. Disponível em: <http://www.planalto.gov.br/ccivil_03/LEIS/L5474.htm>. Acesso em: 30 set. 2022.

BRASIL. Lei n. 6.001, de 19 de dezembro de 1973. **Diário Oficial da União**, Poder Legislativo, Brasília, DF, 21 dez. 1973. Disponível em: <http://www.planalto.gov.br/ccivil_03/leis/l6001.htm>. Acesso em: 30 set. 2022.

BRASIL. Lei n. 6.385, de 7 de dezembro de 1976. **Diário Oficial da União**, Poder Legislativo, Brasília, DF, 9 dez. 1976a. Disponível em: <http://www.planalto.gov.br/ccivil_03/leis/l6385.htm>. Acesso em: 30 set. 2022.

BRASIL. Lei n. 6.404, de 15 de dezembro de 1976. **Diário Oficial da União**, Poder Legislativo, Brasília, DF, 17 dez. 1976b. Disponível em: <http://www.planalto.gov.br/ccivil_03/leis/l6404consol.htm>. Acesso em: 30 set. 2022.

BRASIL. Lei n. 7.347, de 24 de julho de 1985. **Diário Oficial da União**, Poder Executivo, Brasília, DF, 25 jul. 1985. Disponível em: <http://www.planalto.gov.br/ccivil_03/leis/L7347orig.htm >. Acesso em: 30 set. 2022.

BRASIL. Lei n. 8.078, de 11 de setembro de 1990. **Diário Oficial da União**, Poder Legislativo, Brasília, DF, 12 set. 1990a. Disponível em: <http://www.planalto.gov.br/ccivil_03/leis/l8078.htm>. Acesso em: 30 set. 2022.

BRASIL. Lei n. 8.112, de 11 de dezembro de 1990. **Diário Oficial da União**, Poder Executivo, Brasília, DF, 19 abr. 1991a. Disponível em: <http://www.planalto.gov.br/ccivil_03/leis/l8112cons.htm>. Acesso em: 30 set. 2022.

BRASIL. Lei n. 8.137, de 27 de dezembro de 1990. **Diário Oficial da União**, Poder Executivo, Brasília, DF, 28 dez. 1990b. Disponível em: <http://www.planalto.gov.br/ccivil_03/leis/L8137.htm>. Acesso em: 30 set. 2022.

BRASIL. Lei n. 8.245, de 18 de outubro de 1991. **Diário Oficial da União**, Poder Executivo, Brasília, DF, 21 out. 1991b. Disponível em: <http://www.planalto.gov.br/ccivil_03/leis/l8245.htm>. Acesso em: 30 set. 2022.

BRASIL. Lei n. 8.934, de 18 de novembro de 1994. **Diário Oficial da União**, Poder Legislativo, Brasília, DF, 21 nov. 1994a. Disponível em: <http://www.planalto.gov.br/ccivil_03/leis/l8934.htm>. Acesso em: 30 set. 2022.

BRASIL. Lei n. 8.955, de 15 de dezembro de 1994. **Diário Oficial da União**, Poder Legislativo, Brasília, DF, 16 dez. 1994b. Disponível em: <http://www.planalto.gov.br/ccivil_03/LEIS/L8955.htm>. Acesso em: 30 set. 2022.

BRASIL. Lei n. 9.279, de 14 de maio de 1996. **Diário Oficial da União**, Poder Executivo, Brasília, DF, 15 maio 1996b. Disponível em: <http://www.planalto.gov.br/ccivil_03/leis/l9279.htm>. Acesso em: 30 set. 2022.

BRASIL. Lei n. 10.406, de 10 de janeiro de 2002. **Diário Oficial da União**, Poder Legislativo, Brasília, DF, 11 jan. 2002. Disponível em: <http://www.planalto.gov.br/ccivil_03/leis/2002/l10406.htm>. Acesso em: 30 set. 2022.

BRASIL. Lei n. 10.962, de 11 de outubro de 2004. **Diário Oficial da União**, Poder Legislativo, Brasília, DF, 13 out. 2004. Disponível em: <http://www.planalto.gov.br/ccivil_03/_ato2004-2006/2004/Lei/L10.962.htm>. Acesso em: 30 set. 2022.

BRASIL. Lei n. 11.101, de 9 de fevereiro de 2005. **Diário Oficial da União**, Poder Executivo, Brasília, DF, 9 fev. 2005. Disponível em: <http://www.planalto.gov.br/ccivil_03/_ato2004-2006/2005/lei/l11101.htm>. Acesso em: 30 set. 2022.

BRASIL. Lei n. 12.741, de 8 de dezembro de 2012. **Diário Oficial da União**, Poder Legislativo, Brasília, DF, 10 dez. 2012. Disponível em: <http://www.planalto.gov.br/ccivil_03/_ato2011-2014/2012/lei/l12741.htm>. Acesso em: 30 set. 2022.

BRASIL. Lei n. 13.105, de 16 de março de 2015. **Diário Oficial da União**, Poder Legislativo, Brasília, DF, 17 mar. 2015. Disponível em: <http://www.planalto.gov.br/ccivil_03/_ato2015-2018/2015/lei/l13105.htm>. Acesso em: 30 set. 2022.

BRASIL. Lei n. 13.874, de 20 de setembro de 2019. **Diário Oficial da União**, Poder Executivo, Brasília, DF, 20 set. 2019a. Disponível em: <http://www.planalto.gov.br/ccivil_03/_ato2019-2022/2019/lei/L13874.htm>. Acesso em: 30 set. 2022.

BRASIL. Lei n. 13.966, de 26 de dezembro de 2019. **Diário Oficial da União**, Poder Legislativo, Brasília, DF, 27 dez. 2019b. Disponível em: <http://www.planalto.gov.br/ccivil_03/_ato2019-2022/2019/lei/l13966.htm>. Acesso em: 30 set. 2022.

BRASIL. Lei n. 14.181, de 1º de julho de 2021. **Diário Oficial da União**, Poder Legislativo, Brasília, DF, 2 jul. 2021a. Disponível em: <http://www.planalto.gov.br/ccivil_03/_Ato2019-2022/2021/Lei/L14181.htm#art1>. Acesso em: 30 set. 2022.

BRASIL. Lei n. 14.195, de 26 de agosto de 2021. **Diário Oficial da União**, Poder Executivo, Brasília, DF, 27 ago. 2021b. Disponível em: <http://www.planalto.gov.br/ccivil_03/_Ato2019-2022/2021/Lei/L14195.htm>. Acesso em: 30 set. 2022.

BRASIL. Lei n. 14.382, de 27 de junho de 2022. **Diário Oficial da União**, Poder Executivo, Brasília, DF, 28 jun. 2022. Disponível em: <http://www.planalto.gov.br/ccivil_03/_Ato2019-2022/2022/Lei/L14382.htm>. Acesso em: 30 set. 2022.

BRASIL. Medida Provisória n. 1.085, de 27 de dezembro de 2021. **Diário Oficial da União**, Poder Executivo, Brasília, DF, 28 dez. 2021c. Disponível em: <http://www.planalto.gov.br/ccivil_03/_Ato2019-2022/2021/Mpv/mpv1085.htm>. Acesso em: 30 set. 2022.

BRASIL. Ministério da Economia. Banco Central do Brasil. Resolução CMN n. 4.977, de 16 de dezembro de 2021. **Diário Oficial da União**, Brasília, DF, 20 dez. 2021d. Disponível em: <https://www.in.gov.br/web/dou/-/resolucao-cmn-n-4.977-de-16-de-dezembro-de-2021-368306285>. Acesso em: 30 set. 2022.

CARVALHO, J. C. M. de. **Direito do consumidor**: fundamentos doutrinários e visão jurisprudencial. 5. ed. Rio de Janeiro: Lúmen Juris, 2012.

COELHO, F. U. **Curso de direito comercial**: direito de empresa. 24. ed. São Paulo: Saraiva, 2021. v. 1.

COELHO, F. U. **Manual de direito comercial**: direito de empresa. 33. ed. São Paulo: Saraiva, 2022.

DIDIER JR., F.; ZANETI JR., H. **Curso de direito processual civil**: processo coletivo. 16. ed. Salvador: JusPodivm, 2022. v. 4.

DINAMARCO, C. R.; LOPES, B. V. C.; BADARÓ, G. H. R. I. **Teoria geral do processo**. 33. ed. São Paulo: Malheiros, 2021.

DINIZ, M. H. **Curso de direito civil brasileiro**: responsabilidade civil. 27. ed. São Paulo: Saraiva, 2010. v. 7.

FABIAN, C. **O dever de informar no direito civil**. São Paulo: Revista dos Tribunais, 2002.

FARIAS, C. C. de; ROSENVALD, N. **Direito das obrigações**. 16. ed. Salvador: JusPodivm, 2022.

FAZZIO JÚNIOR, W. **Manual de direito comercial**. 21. ed. São Paulo: Atlas, 2020.

FILOMENO, J. G. B. **Manual de direito do consumidor**. 15. ed. São Paulo: Atlas, 2018.

FRANCO, V. H. de M. **Manual de direito comercial**. 2. ed. São Paulo: Revista dos Tribunais, 2004.

GONÇALVES NETO, A. de A. **Direito de empresa**: comentários aos artigos 966 a 1.195 do Código Civil. 10. ed. rev. e ampl. São Paulo: Revista dos Tribunais, 2021.

GRAU, E. R. **A ordem econômica na Constituição de 1988**: interpretação e crítica. 19. ed. São Paulo: Malheiros, 2018.

LEMOS, C. F.; GOMES, J. J. **Glossário de meio ambiente**: as palavras mais usadas em estudos ambientais. Joinville: Clube de Autores, 2022.

MARQUES, C. L. **Contratos no Código de Defesa do Consumidor**: o novo regime das relações contratuais. 9. ed. São Paulo: Revista dos Tribunais, 2019.

MARQUES, C. L.; BENJAMIN, A. H. V.; MIRAGEM, B. **Comentários ao Código de Defesa do Consumidor**. 7. ed. São Paulo: Revista dos Tribunais, 2021.

MARTINS, F. **Curso de direito comercial**. 42. ed. Rio de Janeiro: Forense, 2019.

NEGRÃO, R. **Manual de direito comercial e de empresa**: teoria geral da empresa e direito societário. 18. ed. São Paulo: Saraiva, 2022. v. 1.

NUNES, L. A. R. **Comentários ao Código de Defesa do Consumidor**. 8. ed. São Paulo: Saraiva, 2013.

NUNES, L. A. R. **Curso de direito do consumidor**. 10. ed. São Paulo: Saraiva, 2015.

PASSARELLI, E. **Dos crimes contra as relações de consumo**: Lei Federal n. 8.078/90 (CDC). São Paulo: Saraiva, 2002.

REQUIÃO, R. **Curso de direito comercial**. 34. ed. rev. e atual. São Paulo: Saraiva, 2015. v. 1.

RODRIGUES, S. **Direito civil**: dos contratos e das declarações unilaterais da vontade. 28. ed. São Paulo: Saraiva, 2002. v. 3.

SAAD, E. G.; SAAD, J. E. D.; BRANCO, A. M. S. C. **Código de Defesa do Consumidor comentado**. 6. ed. São Paulo: LTR, 2006.

SALOMÃO FILHO, C. **O novo direito societário**. 5. ed. São Paulo: Saraiva, 2019.

SILVA, D. P. e. **Vocabulário jurídico**. 32. ed. Rio de Janeiro: Forense, 2016.

SILVA, J. A. da. **Curso de direito constitucional positivo**. 43. ed. São Paulo: Malheiros, 2020.

STOCO, R. **Tratado de responsabilidade civil**: doutrina e jurisprudência. 10. ed. São Paulo: Revista dos Tribunais, 2014.

TARTUCE, F.; NEVES, D. A. A. **Manual de direito do consumidor**: direito material e processual. 11. ed. São Paulo: Método, 2022.

THE WORLD BANK. **World Development Report, 1978**. Washington, D.C., 1978. Disponível em: <https://openknowledge.worldbank.org/bitstream/handle/10986/5961/WDR%201978%20-%20English.pdf?sequence=1&isAllowed=y>. Acesso em: 30 set. 2022.

TOMAZETTE, M. **Curso de direito empresarial**: teoria geral e direito societário. 13. ed. São Paulo: Atlas, 2022. v. 1.

VENERAL, D.; ALCANTARA, S. A. **Direito aplicado**. 3. ed. Curitiba: InterSaberes, 2020.

VENOSA, S. de S. **Direito civil**: responsabilidade civil. 12. ed. São Paulo: Atlas, 2012. v. 4.

VERÇOSA, H. M. D. **Direito comercial**: sociedade por ações. 4. ed. São Paulo: Revista dos Tribunais, 2014. v. 3.

# Capítulo 1

**Questões para revisão**

1. A referência é à aplicação do princípio da busca do pleno emprego, segundo o qual o capital a ser utilizado na atividade econômica deve aproveitado de maneira racional, valendo-se o empresário da tecnologia e da automação colocada a seu dispor para que sua produtividade possa sempre crescer, não se esquecendo do fator humano, investindo na capacitação e no crescimento profissional de seus funcionários.

2. Espera-se que seja compreendido, primeiramente, que o meio ambiente é um bem comum de todas as pessoas e, depois, que, caso não exista uma forma de poluição menos danosa ao ser humano e ao meio em que ele vive, temos todos – inclusive aquele que explora alguma atividade econômica – a obrigação de proteger o meio ambiente de toda e qualquer possibilidade de dano.

3. b

O empresário precisa de lucro e deverá consegui-lo, pois investiu, trabalhou, praticou todas as ações para que assim acontecesse. Porém, deverá aplicar o princípio da função social da propriedade, utilizando-a de maneira

---

\* As obras citadas nesta seção estão listadas em "Referências".

produtiva, para que possa gerar e recolher aos cofres públicos os tributos advindos da atividade exercida, ao mesmo tempo que criará empregos e fomentará seu segmento.

4. a

A característica do cosmopolitismo do direito empresarial indica que, em regra, suas normas não têm barreiras e que, guardadas as particularidades de cada país, elas são as mesmas para todas as nações.

5. c

O fragmentarismo do direito empresarial é sua característica de poder ser estudado por meio de uma série de outras normas legais e de igual importância, mesmo que exista um diploma especial que disponha particularmente sobre seus institutos, como se caracteriza a Lei n. 10.406/2002.

### Questões para reflexão

1. A reflexão deve ser feita levando-se em consideração os ditames legais, a boa-fé e o direito de livre iniciativa.

2. Ao refletir sobre essa questão, deve-se pensar também no maior objetivo do empresário.

## Capítulo 2

### Questões para revisão

1. A principal diferença entre as sociedades anônimas abertas e fechadas é que as abertas negociam seus valores mobiliários – devidamente registrados na CVM – na bolsa de valores ou no mercado de balcão, o que não é possível para as sociedades fechadas.

2. A fusão é o tipo de reorganização societária em que duas ou mais sociedades se fusionam, ou seja, agrupam-se para formar ou criar uma nova sociedade. As sociedades originárias se extinguem, sendo que a nova sociedade as sucede em direitos e obrigações.

3. b

A sociedade em comum e a sociedade em conta de participação são os dois tipos societários previstos no CC como sociedades não personificadas ou irregulares.

4. d

A sociedade em conta de participação apresenta duas categorias de sócios: o sócio capitalista, chamado de *participante*, e o sócio ostensivo, que é aquele que realmente é conhecido por seus clientes e fornecedores como o "dono" do negócio.

5. a

A Lei n. 10.406/2002, o CC, assim determina em seu art. 967: "É obrigatória a inscrição do empresário no Registro Público de Empresas Mercantis da respectiva sede, antes do início de sua atividade" (Brasil, 2002).

**Questões para reflexão**

1. A reflexão deve levar em conta vários aspectos, principalmente o mercado concorrencial e o planejamento estratégico.

2. Antes de decidir ter ou não um sócio na exploração de uma atividade econômica, é preciso refletir, especialmente, em relação ao capital a ser investido e ao trabalho a ser executado. É importante considerar, também, que duas cabeças pensam melhor do que uma.

# Capítulo 3

**Questões para revisão**

1. Por *irretratabilidade* entendemos que não existe possibilidade de dissolução total do vínculo contratual por simples vontade de uma das partes.

2. A alienação fiduciária em garantia é um contrato de mútuo, em que uma parte (fiduciante devedor) transfere à outra (fiduciário credor) um determinado bem como garantia pelo pagamento da dívida contraída.

3. a

Segundo o CC, em seu art. 104, os requisitos de validade do negócio jurídico são: "I – agente capaz; II – objeto lícito, possível, determinado ou determinável; III – forma prescrita ou não defesa em lei" (Brasil, 2002).

4. b

A faturização, fomento mercantil ou *factoring* é um contrato mercantil misto e atípico, que soma à prestação de serviços variados a compra de créditos ou direitos creditórios, provenientes de vendas mercantis.

5. a

O instrumento do contrato de franquia mercantil deve ser sempre escrito, assinado perante duas testemunhas e averbado perante o Inpi.

**Questões para reflexão**

1. A reflexão também deve considerar a análise de que o direito empresarial deve ter ou não uma lei especial, ou seja, um novo código comercial ou empresarial.

2. Deve-se pensar, também, na estrutura do Estado para acompanhar pontualmente as reorganizações societárias perpetradas pelas empresas e pelos empresários.

## Capítulo 4

**Questões para revisão**

1. Segundo o art. 2º do CDC, "Consumidor é toda pessoa física ou jurídica que adquire ou utiliza produto ou serviço como destinatário final" (Brasil, 1990a).

2. De acordo com o art. 3º do CDC, parágrafo 1º, "Produto é qualquer bem, móvel ou imóvel, material ou imaterial" (Brasil, 1990a).

3. e

De acordo com o art. 3º do CDC, parágrafo 2º, "Serviço é qualquer atividade fornecida no mercado de consumo, **mediante remuneração**, inclusive as de natureza bancária, financeira, de crédito e securitária, salvo as decorrentes das relações de caráter trabalhista" (Brasil, 1990a, grifo nosso).

4. d

Está estampado no CDC, no capítulo destinado aos direitos básicos do consumidor, em seu art. 6º: "VII – o acesso aos órgãos judiciários e administrativos com vistas à prevenção ou reparação de danos patrimoniais e morais, individuais, coletivos ou difusos, assegurada a proteção jurídica, administrativa e técnica aos necessitados" (Brasil, 1990a).

5. c

No rol de princípios consumeristas estão os princípios da vulnerabilidade, da boa-fé, da informação, entre outros, mas os que são apresentados nas demais alternativas não fazem parte desse rol, pelo menos não como princípios.

**Questões para reflexão**

1. A flexibilização do direito se daria com a disposição das normas jurídicas de forma a facilitar a relação dos sujeitos. No caso do direito do consumidor, são importantes algumas reflexões, especialmente levando-se em conta se a legislação vigente é suficiente para determinar se a relação de consumo é boa e interessante para os dois sujeitos envolvidos.
2. Como sugestão, pedimos que procure lembrar se, nos últimos tempos, você, sua família e seus amigos tiveram de fazer uso de suas prerrogativas como consumidores. Em caso afirmativo, exponha quais foram os resultados obtidos.

## Capítulo 5

**Questões para revisão**

1. A resposta esperada deve atender à determinação do art. 28 do CDC, no sentido de que: "O juiz poderá desconsiderar a personalidade jurídica da sociedade quando, em detrimento do consumidor, houver abuso de direito, excesso de poder, infração da lei, fato ou ato ilícito ou violação dos estatutos ou contrato social. A desconsideração também será efetivada quando houver falência, estado de insolvência, encerramento ou inatividade da pessoa jurídica provocados por má administração" (Brasil, 1990a).
2. O comerciante só será responsabilizado quando: dependendo do caso ou do produto, aqueles que seriam responsabilizados diretamente não puderem ser identificados; fornecer produto sem a devida identificação de quem o produziu, fabricou, construiu ou importou; ou, no caso de produtos perecíveis, não os mantiver devidamente conservados.
3. a

   Vícios redibitórios são os chamados *vícios ocultos*, que são de difícil constatação, mesmo por um *expert*.
4. c

   Nesse caso, são dadas ao consumidor algumas possibilidades, entre as quais ele poderá escolher, alternativamente: exigir que o fornecedor cumpra a oferta por meio da distribuição de ação judicial; optar pelo aceite de outro produto ou prestação de serviço equivalente oferecidos pelo fornecedor; ou desfazer o negócio, rescindindo o contrato e tendo o direito de receber o que já foi pago, com a devida atualização monetária, se for o caso, além de perdas e danos.

5. a

Assim dispõe o CDC em relação ao prazo prescricional: "Art. 27. Prescreve em cinco anos a pretensão à reparação pelos danos causados por fato do produto ou do serviço prevista na Seção II deste Capítulo, iniciando-se a contagem do prazo a partir do conhecimento do dano e de sua autoria" (Brasil, 1990a).

**Questões para reflexão**

1. É preciso considerar se um aumento de prazos para reclamação garantiria que o consumidor fizesse valer seus direitos, diferentemente do que acontece hoje.

2. É necessário levar em consideração o fato de que toda e qualquer legislação necessita, de tempos em tempos, ser atualizada para atender à nova realidade da sociedade em que deva ser aplicada.

# Capítulo 6

**Questões para revisão**

1. Não. O fornecedor deve oferecer seu produto ou serviço de acordo com as regras legais. Segundo o art. 31 do CDC, o fornecedor deve cuidar para que sua oferta, assim como a apresentação de seu produto ou o nome de seu serviço, assegure ao consumidor informações claras, precisas e ostensivas sobre as características principais do produto.

2. Os contratos de consumo apresentam os mesmos requisitos de validade de qualquer outro negócio jurídico, os quais, de acordo com o art. 104 do CC, são: "A validade do negócio jurídico requer: I – agente capaz; II – objeto lícito, possível, determinado ou determinável; III – forma prescrita ou não defesa em lei" (Brasil, 2002).

3. b

Direitos difusos são os direitos transindividuais indivisíveis, de pessoas indeterminadas, quando não existe maneira de identificar a pessoa lesada, razão pela qual devem ser consideradas como um todo, abrangendo um grupo ou uma comunidade formada por indivíduos que estão ligados a uma circunstância de fato, comum a todos.

4. c

De acordo com o art. 82 do CDC, são legitimados para exercer a defesa coletiva dos consumidores: "I – o Ministério Público; II – a União, os Estados, os Municípios e o Distrito Federal; III – as entidades e órgãos da Administração Pública, direta ou indireta, ainda que sem personalidade jurídica, especificamente destinados à defesa dos interesses e direitos protegidos por este código; IV – as associações legalmente constituídas há pelo menos um ano e que incluam entre seus fins institucionais a defesa dos interesses e direitos protegidos por este código, dispensada a autorização assemblear" (Brasil, 1990a).

5. b

O direito de arrependimento está assim previsto no art. 49 do CDC: "O consumidor pode desistir do contrato, no prazo de 7 dias a contar de sua assinatura ou do ato de recebimento do produto ou serviço, sempre que a contratação de fornecimento de produtos e serviços ocorrer fora do estabelecimento comercial, especialmente por telefone ou a domicílio" (Brasil, 1990a).

**Questões para reflexão**

1. É preciso considerar a posição do fornecedor, que não pode ficar à mercê da vontade do consumidor, com prazos para reclamação ou arrependimento tão longos.

2. É necessário lembrar que a autotutela é proibida pela nossa legislação, ou seja, não se pode fazer justiça com as próprias mãos.

**Silvano Alves Alcantara** é doutor em Direito pela Universidad Católica de Santa Fe (Argentina), especialista em Direito Tributário pelo Instituto Brasileiro de Pós-Graduação e Extensão (IBPEx) e graduado em Direito pela Universidade Tuiuti do Paraná (UTP). Atualmente, é professor da graduação e da pós-graduação, presencial e a distância, no Centro Universitário Internacional Uninter, onde responde pela coordenação dos cursos de pós-graduação em Direito. É professor convidado pela Universidade Federal do Paraná (UFPR) para ministrar disciplinas de pós-graduação em Direito Tributário. Também atua como advogado nas áreas tributária, empresarial e trabalhista.

Os papéis utilizados neste livro, certificados por instituições ambientais competentes, são recicláveis, provenientes de fontes renováveis e, portanto, um meio responsável e natural de informação e conhecimento.

Impressão: Reproset
Março/2023